LE SPORT
POUR LA BEAUTÉ DU GESTE

16, avenue des Quatre-Cantons – 76000 Rouen
102, rue de Grenelle – 75007 Paris
www.editionsdesfalaises.fr

LE SPORT
POUR LA BEAUTÉ DU GESTE

ÉDITIONS DES FALAISES

Exposition « Le sport : pour la beauté du geste »
LES FRANCISCAINES, Deauville
27 janvier – 12 mai 2024

Commissaire d'exposition

Thierry Grillet
Essayiste et écrivain

Auteurs des textes du catalogue

Philippe Augier
Maire de Deauville, président des *Franciscaines*

Thierry Grillet
Commissaire de l'exposition

Georges Vigarello
Historien du sport et directeur d'études à l'École des hautes études en sciences sociales

Direction éditoriale du catalogue

Thierry Grillet, commissaire de l'exposition

Coordination

Emma Crayssac
Responsable adjointe du musée des *Franciscaines*

Clara Boisset
Chargée de production

Les Éditions des Falaises
Conception et réalisation du catalogue de l'exposition

Nous tenons à exprimer notre reconnaissance

au journal *L'Équipe* et à l'Agence Presse Sports, particulièrement à François Gille, responsable de l'iconothèque et Vincent Schmitz, iconographe ;

à l'Institut national du sport, de l'expertise et de la performance (INSEP), particulièrement à Christophe Meunier, chargé d'archives et de collections patrimoniales.

Les Franciscaines,
Philippe Augier, président,
Caroline Clémensat, directrice générale,
Annie Madet-Vache, directrice du musée,
remercient l'ensemble des acteurs de l'exposition.

Nos remerciements s'adressent également aux musées, institutions, galeries et collectionneurs :

Musées et institutions

Bordeaux, Frac Nouvelle-Aquitaine MÉCA, Bernard de Montferrand, président et Claire Jacquet, directrice

Nice, Musée National du Sport, Marie Grasse, directrice

Paris, Centre Pompidou, Musée national d'Art moderne – Centre de création industrielle, Laurent Le Bon, président et Xavier Rey, directeur

Paris, Établissement de communication et de production audiovisuelle de la défense (ECPAD) Laurent Veyssière, directeur

Paris, Fondation Henri Cartier-Bresson, Clément Chéroux, directeur

Paris, Mobilier national, Hervé Lemoine, directeur

Paris, Musée Bourdelle, Ophélie Ferlier-Bouat, directrice

Paris, Musée Cernuschi, Éric Lefebvre, directeur

Paris, Yves Klein Archives, Marilou Barbanti, chargée des expositions et des publications

Marseille, Musée d'Art contemporain, Nicolas Misery, directeur

Troyes, Archives Lacoste, Catherine Pietri, responsable du Patrimoine et Catherine Spindler directrice générale adjointe du groupe Lacoste

Troyes, Musée d'Art moderne, François Baroin, maire et Chantal Rouquet, directrice

Vitry-sur-Seine, MAC VAL- Musée d'Art contemporain du Val-de-Marne, Olivier Capitanio, président du Département et Nicolas Surlapierre, directeur

Galeries

Paris, Galerie Art Concept

Paris, Galerie Françoise Paviot

Paris, Galerie Furstenberg

Paris, Galerie Loevenbruck

Paris, Galerie Magda Danysz

Paris, Galerie Magnin-A

Paris, Galerie Polka

Sainte-Maxime, Galerie Regard

Collectionneurs et artistes

Léo Caillard

Nina Childress et l'Association des Amis des *Franciscaines*

Pierre-Louis Denis

Mathieu Forget

Agathe Gaillard

Roger Gal

Serge Kakou

Thierry Konarzewski

Salvatore Puglia

Rakajoo – Baye-Dam Cissé

Paolo et Laetitia Roversi

SOMMAIRE

Marcel Nilles, Dick Smith
Ring de boxe à Deauville, 5ᵉ round, 5 septembre 1920

Avec cette nouvelle exposition « Le sport, pour la beauté du geste », *Les Franciscaines* s'inscrit dans cette année, enthousiasmante, où la France accueille les Jeux olympiques d'été, cent ans exactement après les avoir organisés en 1924. Il était naturel que la ville affichât ainsi son intérêt pour le sport, car, comme les habitants et les estivants le savent, Deauville est une ville sportive. Certaines équipes internationales viennent profiter depuis quelques années du Pôle Omni'Sports et de ses équipements de haut niveau. Pour dire la mesure de l'ancienneté de cet intérêt, rappelons par exemple que René Lacoste vint ici arracher la qualification de la France en Coupe Davis 1927 et que le golf s'y pratique depuis les années vingt. Plus surprenant peut-être, et l'exposition le révèle, il y eut des rings en plein air qui ont vu quelques boxeurs en découdre… Sans parler des sports qui ne sont pas volontairement évoqués dans cette réflexion, notamment les sports hippiques ou équestres qui seront traités un jour dans une vaste exposition sur le cheval.
L'originalité de l'initiative aux *Franciscaines* tient au sujet que le commissaire, Thierry Grillet, a retenu pour parler du sport : faire un zoom sur l'unité première de chaque discipline – le geste – et, parfois, le geste fondateur pour une discipline. Cette approche, qui met le sportif, son corps et sa technique, sous la focale du microscope, conduit au cœur du sport et de son fonctionnement. Qu'est-ce qui émeut dans la compétition, hors l'intensité de l'enjeu, sinon le beau geste de l'athlète ? Celui par lequel un sport porte au plus haut ce qu'il est, l'alliance de la force et de la grâce. Ainsi l'exposition se penche-t-elle sur des disciplines – majoritairement olympiques – pour faire admirer des gestes emblématiques, comme le service au tennis, le pénalty au football, la touche au rugby, le lancer du discobole, etc.
Ainsi est-ce le geste du sport, mais revu et transcendé par les arts, qui se déploie dans les différents moments de cette exposition. Dans chaque discipline retenue, les gestes monuments sont évoqués en quelque sorte littéralement à travers les photographies du fonds du journal *L'Équipe*. Puis chaque discipline, avec ses champions, ses hauts faits, est réinterprétée à travers des œuvres d'art anciennes, modernes ou contemporaines – grâce aux prêts remarquables consentis par les grandes institutions muséales du pays, notamment le Musée National du Sport à Nice mais aussi le centre Georges Pompidou, les Gobelins et bien d'autres. Enfin, une œuvre dite « d'extrapolation » permet de faire voir autrement le geste et sa signification… Qu'est-ce qui fait l'essence du tennis, du rugby, du plongeon – pour ne prendre que quelques exemples traités dans l'exposition ? C'est ce que les photographes, les artistes, les cinéastes, les sculpteurs, les dessinateurs révèlent, dans leurs productions, la beauté dans l'effort.
Cette méditation sur le geste du sportif bénéficie du concours exceptionnel de l'Institut national du sport, de l'expertise et de la performance (INSEP), partenaire également de cette manifestation avec des prêts des premières chronophotographies de Georges Demeny, qui fut l'assistant d'Étienne-Jules Marey à la station physiologique du parc des Princes avant de conduire ses propres recherches sur le mouvement à l'École normale d'éducation physique de Joinville, où l'armée française travaillait – avant 1914 – sur les performances physiques du soldat. Ainsi l'exposition fait-elle un crochet par la science et ses images pour tenter de comprendre le « geste parfait ». Mystère que, plus tard, dans les années quarante, un autre scientifique, l'Américain Harold Edgerton, tente de percer avec ses fabuleuses images stroboscopiques du tennisman ou du golfeur…
Nombreuses sont, ainsi, les approches du geste.
Deauville et *Les Franciscaines* vous invitent à venir admirer tous ces gestes qui donnent l'amour du sport.

Philippe Augier
Maire de Deauville, Président des *Franciscaines*

■ Léo Caillard, artiste à la formation scientifique, s'est fait connaître en 2012 par une série de photographies – *Hipsters in stone*. Avec l'humour d'un Dalí (détournant la statuaire antique avec sa *Vénus de Milo aux tiroirs*), faisant se télescoper le présent et le passé, il rhabillait ainsi les marbres antiques du Louvre à la mode contemporaine – dont, alors déjà, le *Discobole*, un chef-d'œuvre sculpté au Ve siècle avant J.-C. par l'artiste grec Myron. L'original en bronze de cette sculpture antique ne nous est connu que par les (nombreuses) copies en marbre de l'époque impériale réalisées à Rome – dont la plus célèbre d'entre elles, le *Discobole Lancellotti*. Cette œuvre de Léo Caillard appartient à la série intitulée *Light Stone*. Moulage de poussière de marbre de Carrare et de résine mêlées, strié de disques de néons, ce *Discobole* enchevêtre la lumière et la pierre, la matière et l'immatériel. En conjuguant ces deux extrêmes, d'opacité et de lumière, l'artiste introduit une tension dans ce corps d'athlète, ainsi plongé dans un étrange bain de lumière froide. Contradiction qui se répercute dans une esthétique singulière de clair-obscur digital, conforme à l'atmosphère de notre société aux écrans rétro-éclairés. En réinterprétant ce chef-d'œuvre de la statuaire antique, Léo Caillard prolonge ce mouvement de « copies », reconduisant à travers les siècles la représentation emblématique du geste de ce sportif en train d'exécuter un lancer. Même si les experts, en analysant rigoureusement la position du modèle, ont conclu à l'inefficacité de la gestuelle du discobole de Myron... La statue a acquis, au fil du temps, la valeur iconique d'un modèle, d'un signe – comme, bien plus tard, la statue d'*Héraclès archer* de Bourdelle. Le discobole, dans sa simplicité, c'est l'idéogramme de l'effort qui tord le corps. La pierre se fait mouvement, accentué et amplifié par cette spirale de lumière qui ondule autour du corps. Comme autant de « disques » qui entrelardent la pierre. Le néon, matériau propre au langage du pop art, inscrit toutefois cette figure, ainsi « allumée », dans l'esthétique originelle du jeu vidéo, celle que l'on retrouve sublimée dans le film *Tron: Legacy* (2010). « J'appartiens en effet à cette génération qui est née avec une culture visuelle numérique, je suis un artiste de l'époque digitale », confirme l'artiste. Cette sculpture, unique en son genre, est « comme une statuaire découpée en tranches de data », traduction de ce mouvement de pénétration des objets culturels du passé par la culture numérique.

T.G.

Léo Caillard
Néon Discobolus, 2017

PETITE MYTHOLOGIE DU GESTE DU SPORTIF

Thierry Grillet

Dans cette année des Olympiades en France, l'exposition *Sport* : *Pour la beauté du geste*, présentée aux *Franciscaines*, entend mettre à l'honneur ce qui constitue l'essence du sport : le geste. Tout amateur de sport, tout sportif, sait ce que c'est qu'un « beau geste » – à la fois efficace et élégant. Patiemment mis au point, répété, amélioré par des centaines d'heures d'entraînement, mais aussi regardé, apprécié, analysé par les spectateurs, et aujourd'hui par les caméras, les « loupes », les ralentis, que proposent les médias. Le geste, accomplissement d'un corps discipliné, s'offre en spectacle. Il porte en lui une part de théâtralisation qui a inspiré les artistes, les photographes, les cinéastes, les écrivains… En se concentrant sur le geste, l'exposition fait le pari d'entrer au plus près de ce qu'est la performance et de sa composante esthétique. Il s'agit de revenir au langage premier du sport, d'entrer dans son socle. Dans chaque discipline, l'athlète apprend à « faire quelque chose avec son corps ». En latin, il existe trois verbes pour exprimer l'idée de « faire » – *facere*, faire au sens le plus neutre du terme (qui a donné le « fait »), *agere*, faire au sens d'agir (qui a donné l'« acte »), et *gerere*, faire au sens d'accomplir (qui a donné le « geste »). Ainsi le geste n'est-il pas un simple *fait* corporel (le mouvement), ni non plus un *acte* (le résultat de ce mouvement), mais ce moment intermédiaire. Le mouvement ne dit rien, l'acte proclame. Entre les deux, le geste s'accomplit en quelque sorte par lui-même, en lui-même, comme un énoncé intransitif, tendu dans la recherche de perfection qui lui est propre.

La sculpture du *Discobole* de Myron, chef-d'œuvre de la statuaire antique, réinterprétée par l'artiste contemporain Léo Caillard, ouvre l'exposition et fige ainsi le sport dans ce moment particulier d'un effort qui a pris une forme. Ne condense-t-elle pas, à la manière de l'idée, tout le sport dans un geste ? Peu importe la discipline, le geste du discobole

Umberto Boccioni
Dynamisme d'un cycliste, 1913

est générique. Sans doute cette capacité à symboliser lui vient-elle de ce qu'elle appartient à un passé antique et qu'à ce titre, devenue inactuelle, elle étincèle dans un hors-temps idéal ? L'œuvre par elle-même accentue cette intemporalité, par des choix plastiques qui la soustraient à l'anecdote : géométrisation de la posture, impassibilité, peu réaliste au moment de l'effort, du visage de l'athlète, défaut de crédibilité de la position qui semble correspondre à un moment presque inexistant, disent les spécialistes, du geste d'un lanceur de disque. Mais pour être intemporelle, la statue n'a pas échappé pourtant aux tentatives de récupérations du temps. Comme celle dont se rendirent coupables les idéologues du nazisme, qui virent dans cette statue le signe de la continuité entre la Grèce idéalisée et l'Allemagne nazie. La réalisatrice Leni Riefenstahl, dans son film *Olympia* (1936) en offrit une représentation dans un fondu-enchaîné de conte de fées où la statue prenait vie en la personne d'un athlète en chair et en os, incarné par le décathlonien allemand Erwin Huber. Avec l'accord de Mussolini, Hitler fit acheter le *Discobole* pour l'installer à Munich, modèle offert au peuple allemand de l'idéal de beauté aryenne. Après-guerre, la statue revint en Italie. C'est dire si le geste du sportif, et celui-là particulièrement, a pu nourrir de fantasmes idéologiques. Il n'est pas le seul. Dans la discipline du saut en hauteur, le saut en dorsal, révolutionnaire, de Dick Fosbury aux JO de Mexico (1968), fut vécu par les Soviétiques, dont les champions ne sautaient qu'en ventral, comme un saut « américain », capitaliste, et probablement même décadent, hippie, dans la façon dont l'athlète tournait le dos à l'obstacle, comme pour dire qu'il s'en fichait !

C'est dire la richesse sémantique du geste du sportif. À côté du langage des mots, il y a le langage des gestes, à travers lequel parle une société. L'anthropologue Marcel Mauss, dans sa conférence *Techniques du corps* (1934), soulignait d'ailleurs ce que le geste « naturel » du corps avait de culturel : en 1860, les moniteurs d'éducation physique de Joinville enseignent de courir « les poings au corps », avant d'accepter trente ans plus tard, le rôle de balancier des bras. Les nageurs nagent la tête hors de l'eau jusqu'à ce que l'on découvre la natation moderne, tête (et corps) sous l'eau, etc. Le développement des sociétés de sport à la Belle Époque et, en France, des sociétés de gymnastique dans le sillage de la défaite de 1870 (il faut discipliner le corps social), contribuent à « inventer » des techniques du corps à destination des masses. Les gestes sont arrachés au « donné » de la nature. Ils sont construits culturellement… Pour l'anthropologue, le geste est alors une combinaison de trois facteurs : physique (le geste est fonction d'un corps), technique (le geste est une combinaison du corps avec des artefacts – de la chaussure à la bicyclette, de la combinaison de natation au ballon), magico-religieux (le geste est enveloppé de rituels individuels ou collectifs). C'est ainsi ces différentes dimensions qui alimentent cette *petite mythologie du geste du sportif*, illustrée dans l'exposition tant par le déploiement d'un matériel documentaire, offrant une lecture littérale du geste, que par la présentation d'œuvres d'art, aptes à faire rêver.

Cette relation de l'art au sport est ancienne puisqu'elle remonte à l'Antiquité – mais elle est à son plus haut niveau lorsque le sport et l'art émergent, tous deux, comme des composantes de la modernité dans les sociétés du XIXe siècle. L'impressionnisme et l'Olympisme sont contemporains. Manet peint des courses de chevaux – face aux jockeys – et Boudin des régates. Courbet peint ses lutteurs. Maurice Denis, le Nabi, a une dilection prononcée pour les jeunes filles jouant au volant. Mais au début du XXe siècle, les avant-gardes s'intéressent au corps sportif et à son geste, non comme à un « motif » parmi d'autres, mais comme à un élément significatif de la modernité – le corps moderne et le geste par lequel il manifeste son énergie et sa vitesse. Le geste alors fascine. Le physiologiste Jules-Étienne Marey produit les premières chronophotographies, clés d'intelligibilité du mouvement. Le geste s'impose au carrefour du renouvellement des langages plastiques – danse, peinture, théâtre et même architecture. Isadora Duncan est célébrée dans le monde entier pour sa danse des voiles, où le corps explore une liberté de geste nouvelle. À la fin des années 1920, l'architecte Mallet-Stevens livre au couple Noailles leur villa moderne surplombant Hyères, conçue pour servir un corps régénéré, avec salles de gymnastique et piscine ! L'homme moderne doit signer, par sa gestuelle, son appartenance au siècle. La mode suivra. Umberto Boccioni, le futuriste, crée une série de toiles intitulées *Dynamisme du cycliste*, *Dynamisme du footballeur*, où il cherche à capter l'énergie propre au geste ; André Lhote, le cubiste, produit des toiles, où, à la suite de Delaunay, le mouvement est rendu par une savante composition géométrique de couleurs et de formes. L'entre-deux-guerres et la période des totalitarismes va toutefois durablement porter le soupçon sur le corps du sportif, accusé de se soumettre trop complaisamment aux manipulations de la propagande. La curiosité pour le geste faiblit alors et le sport nourrit un art plus critique avec, entre autres, les artistes de la Figuration libre. Rancillac dénonce ainsi la Coupe du monde de football en Argentine et les stades prisons. Il faudrait mentionner aujourd'hui l'intérêt renouvelé des artistes contemporains pour le geste du sportif, à travers des œuvres trempées d'ironie et de tragique, comme celles de Pierrick Sorin, d'Édouard Levé et de bien d'autres... L'exposition n'a naturellement pas vocation à faire la synthèse de cette histoire. Elle invite seulement à une méditation fragmentaire sur le geste, sur sa beauté, sur son étrangeté aussi...

COMPRENDRE LE MOUVEMENT

Thierry Grillet

Sans doute n'y a-t-il pas de meilleure célébration de l'homme en mouvement que celle qu'en donnent, à travers d'étonnantes images photographiques au tournant du XIXe et du XXe siècle, le médecin physiologiste, professeur au Collège de France, Étienne-Jules Marey, assisté de son préparateur, gymnaste et violoniste, Georges Demeny. Elles représentent un patient effort de compréhension de ce qui se passe quand un homme marche, saute ou court. A partir de 1882, et durant plus d'une décennie, dans la station physiologique du Parc des Princes, les deux chercheurs interrogent les mouvements des animaux (les chevaux notamment, mais aussi les oiseaux – parce que Marey imaginait en faire le modèle d'aéronefs) et des humains, pour tenter de saisir en profondeur les ressorts de la gestuelle du vivant. La technique de la chronophotographie, mise au point par Marey, qui permet de fixer sur une même plaque de verre les états successifs d'un corps en mouvement, fonde une véritable science des gestes.

Débarrassant de l'illusion que la vue simple renseigne suffisamment sur la locomotion, cette mécanique photographique permet aux scientifiques de dépasser le paradigme anatomique dans l'explication du geste. Le fonctionnement du corps qui court met bien en œuvre tout un système d'os, de tendons, de ligaments, d'articulations qui peut être comparé à celui de la machine, avec ses cordages, ses leviers, ses poulies. Toutefois l'anatomie échoue, seule, à rendre compte du mouvement. La cinétique des corps, la cinématique de la trajectoire, la dynamique de l'élan concourent également à la production de la vitesse. Les images de la chronophotographie permettent ainsi, en décomposant le mouvement, en le géométrisant (par l'artifice de la combinaison noire et de bandes blanches fixées sur les membres) de faire apparaître sa vérité – le tracé curviligne du centre de gravité, les oscillations de la tête, etc. Grâce à cette première imagerie du corps rapide, l'homme, pour la première fois de son histoire, se comprend dans le mouvement, peut mesurer son geste et tenter de tirer des lois générales.

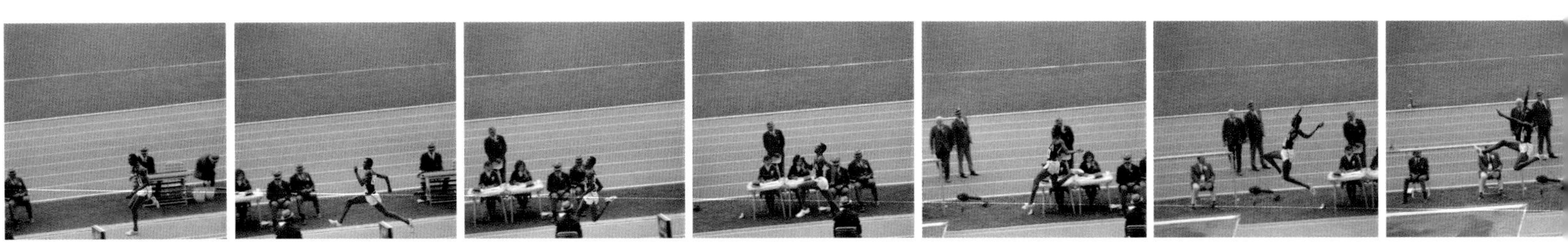

Pierre Blois
L'athlète américain Bob Beamon dans le concours du saut en longueur des Jeux olympiques de Mexico, **1968**

Georges Demenÿ
Chronophotographie d'une course de vélocité par M. Lamic du Cercle de Gymnastique, c. 1886

Georges Demenÿ
Chronophotographie géométrique ou graphique d'une course, c. 1886

Après s'être séparé de Marey, Georges Demeny, une fois installé dans son propre laboratoire à Joinville, travaille avec des « sujets d'élite ». C'est en les examinant que ce pédagogue compte mettre au point une méthode d'éducation physique « française » – on est à l'âge de l'affirmation des nations –, qui améliorera les performances du fantassin (l'homme qui court est d'abord un soldat). Trente ans après la défaite de Sedan, la dimension patriotique de l'exercice physique continue d'inspirer la démarche d'éducation. Pour la course, c'est le moniteur Steiner qui sert de cobaye. Il n'apparaît pas moins de quatre-vingts fois dans les chronophotographies de Demeny. La précision de l'appareillage photographique de Demeny favorise une vision tout à la fois réaliste et artistique. Steiner, en mouvement, offre le spectacle fascinant d'un corps d'homme puissant de profil. Le dessin de ses muscles en action, la mise en évidence de la trajectoire, la mesure de l'énergie dépensée permettent de documenter un idéal type du coureur. Mais le spectacle chronophotographique n'exclut pas non plus la perception artistique de ce nu sculptural qui vaut bien des statues de Praxitèle. La plaque oblongue où, sur fond noir, se détache l'athlète aux muscles saillants, si bien dessinés qu'on croirait un écorché, raconte en quatre pauses le geste du coureur, mais lui octroie en prime la beauté d'une épure.

L'œil, appareillé depuis un siècle, des technologies optiques successives de la chronophotographie, du kinogramme comme celui du saut de Bob Beamon, du ralenti ou de la loupe, a pu pénétrer le mystère du mouvement et le dissoudre dans des mesures, des courbes, des intensités. Mais il n'a jamais toutefois pu expliquer tout à fait la beauté du geste. Qui n'appartient qu'à l'individu, à la manière qu'il a de faire du mouvement, un geste.

Harold Eugene Edgerton
Bobby Jones taking a swing, 1938

HAROLD EUGENE EDGERTON ET LA PHOTO STROBOSCOPIQUE

Thierry Grillet

Ingénieur, chercheur, entrepreneur américain, pionnier de la photographie ultra-rapide, Harold Edgerton révolutionne au XXe siècle la saisie photographique du mouvement. Edgerton, dès les années trente, met au point alors son flash au xénon, qui produit des éclairs de très grande intensité lumineuse et aux durées extrêmement brèves – de l'ordre du millionième de seconde. Il s'agit ainsi, sur les traces d'Eadweard Muybridge, qui avait décomposé le mouvement d'un cheval au galop, de rendre l'invisible visible. Le stroboscope (ou stroborama), inventé en 1921, ne donnait que des photographies de mauvaise qualité. A partir de 1929, Edgerton conçoit des dispositifs qui permettent de l'améliorer. Certaines de ses photos stroboscopiques (dont la qualité et la composition décident le MOMA à les exposer en 1937), sont devenues des icônes de cette branche de la photographie, à mi-chemin entre science et art. Ainsi du cliché de la goutte de lait et sa couronne, ou de la balle traversant une pomme, une ampoule ou une carte à jouer ! Au moment où l'Amérique célèbre la voiture, les autoroutes et la vitesse lors de l'Exposition universelle de 1939, autour de son intitulé conquérant, « The World of Tomorrow », Edgerton permet à la technique d'entrer plus avant dans le mystère du mouvement, grâce à l'accélération inédite du dispositif de prise de vue. Une sorte de « merveilleux » photographique s'impose alors, que certains ont appelé le « sublime technologique américain ». Il n'y a rien qui puisse dès lors résister à cette pénétration du regard technique. Edgerton étend son regard stroboscopique aux sports – et plus largement à toutes les disciplines qui mettent le corps en mouvement, comme le cirque avec ses acrobates. Mais ce sont probablement ses images du swing du golfeur, du saut du plongeur, de la fente de l'escrimeur, du saut du perchiste ou du service du tennis qui demeurent comme des étapes éclatantes dans la perception du geste du sportif. En 1949, il peut ainsi immortaliser en images stroboscopiques le « service » de la joueuse américaine Gussie Moran. On y observe, comme une révélation, l'élégante arabesque de dizaines de raquettes qui virevoltent, suivant une stricte trajectoire autour de la championne.

Le service y apparaît alors bien comme une œuvre, engendrée par un jeu, par un corps saisi dans une chorégraphie singulière, une danse exécutée avec raquette et balle. Sans doute le scientifique regarderait aujourd'hui avec étonnement, le fait que tous les smartphones sont équipés depuis 2010 d'une technologie permettant, sur ses traces, de faire de l'image « en rafale »…

Harold Eugene Edgerton
Acrobates, 1941

Harold Eugene Edgerton
L'Archer, 1931

Harold Edgerton
Le Joueur de tennis, c. 1935

TENNIS

Serena Williams
Grand Chelem Roland Garros, **2015**

LE « SERVICE » AU TENNIS, GESTE SCULPTURAL

Dans son livre *Le Tennis* (1928), un des premiers ouvrages modernes, illustré de kinogrammes, sur les techniques de la discipline, René Lacoste écrivait : « de tous les coups du tennis, le service est peut-être le plus important : médiocre, il condamne à subir l'attaque de l'adversaire, un jeu sur deux. Effectif, il permet au contraire de prendre un net avantage ». Coup prévisible, face à un adversaire prévenu, avec une trajectoire de balle prédéterminée par le carré de service où il doit aboutir, ce geste d'engagement est unique et tire derrière lui tout le tennis. Sans doute parce qu'il concentre une tension singulière. Aucun autre coup ne le précède. Coup né du néant qui cherche à y retourner dans le défaut, toujours espéré, de relance de l'adversaire. C'est un geste presque abstrait. Sculptural. Avec lui, la partie commence et rêve de se finir en un acte, dans un ace. Tennis « à un coup » pour éviter le tennis « à mille coups », et sa litanie de renvois parfois ennuyeux de fond de court... T.G.

Suzanne Lenglen
Tournoi du racing, **1919**

Le peintre Charles Lapicque est un artiste aux multiples talents – homme de science, sportif, musicien, héros de la Première Guerre mondiale, reconnu comme *Juste parmi les nations* après-guerre pour avoir caché des enfants juifs... Son existence (1898-1988) épouse presque parfaitement le XXe siècle... Centralien, il décide, alors qu'il est ingénieur, engagé dans la vie professionnelle, de reprendre ses études avec une thèse de doctorat sur *L'optique de l'œil et la vision des contours*. De cette recherche savante, il tire une théorie des couleurs originale. Concentrant son étude sur les couleurs bleu et rouge (un défi en temps d'Occupation !), il constate qu'une touche de couleur rouge s'éclaircit au voisinage d'une touche de bleu. Est-ce à dire qu'il faut employer les teintes rouge-orangé pour les lointains, qui ont ainsi tendance à s'éclairer, et le bleu pour les premiers plans ? Cette intuition, qui inspire son travail autant que les sujets, nombreux et variés (il sera peintre officiel de la Marine), inverse la leçon de la Renaissance qui réservait les couleurs froides (notamment le bleu) aux lointains, pour donner de la profondeur à l'espace, et les couleurs chaudes, dont le rouge, aux premiers plans. Cette attention à la couleur et son usage audacieux dans son œuvre le font reconnaître comme un héritier des fauves, puis comme un précurseur du pop art et de la Figuration narrative. Passé par l'abstraction, il retient du cubisme les éléments nécessaires à penser le mouvement – démultiplication des plans et des points de vue. C'est ainsi qu'il s'empare du sport – régates, courses hippiques et surtout tennis –, comme dans cette œuvre, *Tennis*, de 1965, période dans laquelle il compose de nombreuses scènes, y compris des dessins, autour de son sport de prédilection.

Contrairement à d'autres artistes qui traitent d'un sport en béotiens, Charles Lapicque entre dans la représentation du tennis en expert, puisqu'il est un tennisman accompli. Sensible à la beauté plastique, instruit dans son propre corps du geste technique, il s'empare de cette discipline au mitan des années soixante. Il produit alors plusieurs toiles et une série de dessins à la mine. Dans *Tennis*, le chaos de formes et de couleurs est trompeur. Les figures et les corps des joueurs s'enchevêtrent en une savante composition. Une série de trois couples de tennismen vont s'amenuisant, en creusant l'espace du tableau. La profondeur de l'espace, créée ainsi à travers le procédé perspectif de réduction des figures, paraît transposer l'épaisseur temporelle de la partie. Les trois couples de joueurs n'en sont en réalité qu'un, saisi à trois moments du match qui s'ouvre, au premier plan, sur le geste athlétique et emphatique du « service » de la figure à gauche. Ainsi le peintre tennisman donne-t-il à voir non seulement un espace – avec sa géométrie codifiée soulignée par les lignes et le filet au centre – mais une durée dramatisée. Ces deux corps blanchâtres au premier plan, à la densité ectoplasmique, semblent flotter dans l'air. Leurs ombres colorées, plus schématiques, réintroduisant une dimension abstraite, forment une sorte de « porche », théâtralisant le spectacle sportif avec son répertoire de gestes canoniques. Service. Revers. Coup droit. Passing. Des silhouettes sur les bords ou fondues dans le fond contribuent à installer une atmosphère. Cette représentation singulière d'un duel tennistique paraît s'inspirer de la liberté de composition propre à l'enluminure médiévale – Lapicque en était un fervent amateur –, où le caractère linéaire d'une histoire, avec sa succession de scènes, s'accommode parfaitement de la dimension tabulaire de l'image. Peut-être le match acquiert-il ainsi, au-delà de l'évènement, une dimension légendaire ? L'utilisation des contours de couleurs, la transparence blanche des figures de premier plan, ajoutent peut-être quelque chose à ce tableau, qui a des allures de vitrail... T.G.

Charles Lapicque
Le Tennis, 1965

Maurice Denis est le chef de file et théoricien des Nabis, « les prophètes », ce groupe d'artistes postimpressionnistes apparu à la fin du XIXe siècle et qui, notamment avec Paul Sérusier, promeut une esthétique toute de formes épurées, de couleurs en aplats et – référence présente dans ce terme de nabi (en hébreu « prophète ») –, cultive l'idée d'une dimension spirituelle de l'art. Ce projet pour une tapisserie, « dans l'idée de la femme à la Licorne, mais moderne », commandée par la manufacture des Gobelins, ne dépassera pas le stade de l'esquisse. Maurice Denis devra attendre une trentaine d'années avant de voir un projet de tapisserie accepté par l'institution. Il choisit pour l'heure le thème du jeu de volant, qu'il avait déjà mis en scène pour un grand panneau décoratif acquis alors par Étienne Moreau-Nélaton. Dans l'œuvre de Maurice Denis, le motif du corps et du sport n'apparaît que sous sa forme discrète du « loisir ». Ainsi le jeu de volan est-il récurrent et inspire-t-il de nombreuses œuvres, qu'il s'agisse d'huiles sur toile, de panneaux décoratifs ou même, comme ici, d'esquisse pour une tapisserie. Faire de ce motif le sujet d'une tapisserie revenait à élever le sujet, éminemment féminin, au rang des motifs de chasse, plus traditionnels alors dans la confection de ce type d'objets. Le jeu de volant, comme on l'appelle alors, est un loisir bourgeois, pratiqué en plein air. Maurice Denis en suit l'évolution, lui qui dans les années trente peint des scènes de jeu de raquettes, avec balle. Version sociale du sport, lointain cousin du tennis et du badminton, le jeu de volant, dans sa légèreté – le « volant » – séduit le peintre. Cette activité, plutôt féminine, y exalte la grâce des corps. Pratiquée dans la nature, comme ici dans la forêt de Saint-Germain, avec au fond la « mare aux canes » (motif de prédilection du peintre), ce jeu paraît symboliser l'esprit du temps. Les figures féminines, habillées avec élégance ou nues, joueuses, baigneuses ou simple forme alanguie assise sur la nappe, sont florales, végétales. Les joueuses, femmes-arbres que la nature enveloppe, symbolisent cette sensibilité végétale de la Belle Époque, qui infuse dans *À l'ombre des jeunes filles en fleurs*. Les gestes qu'esquissent les joueuses, notamment un « service », rappellent toutefois la présence du corps, mais dans le contexte d'un rêve. C'est comme si les Muses qu'on trouve chez Puvis de Chavannes venaient s'amuser dans cette nature voluptueuse.

T.G.

Maurice Denis
Le Printemps **ou** ***Les Joueuses de volant*****, 1901**

Dans ce livre, René Lacoste mêle les récits de parties, les souvenirs des « mousquetaires », mais aussi l'explication pédagogique des techniques fondamentales du tennis. Le champion est un des premiers à utiliser la photographie pour décomposer les techniques de frappe, comme, par exemple, son fameux revers. René Lacoste, précurseur dans la préparation de ses matchs, photographiait ses adversaires pour analyser et étudier leurs tactiques, la façon dont ils servaient, renvoyaient, smashaient... T.G.

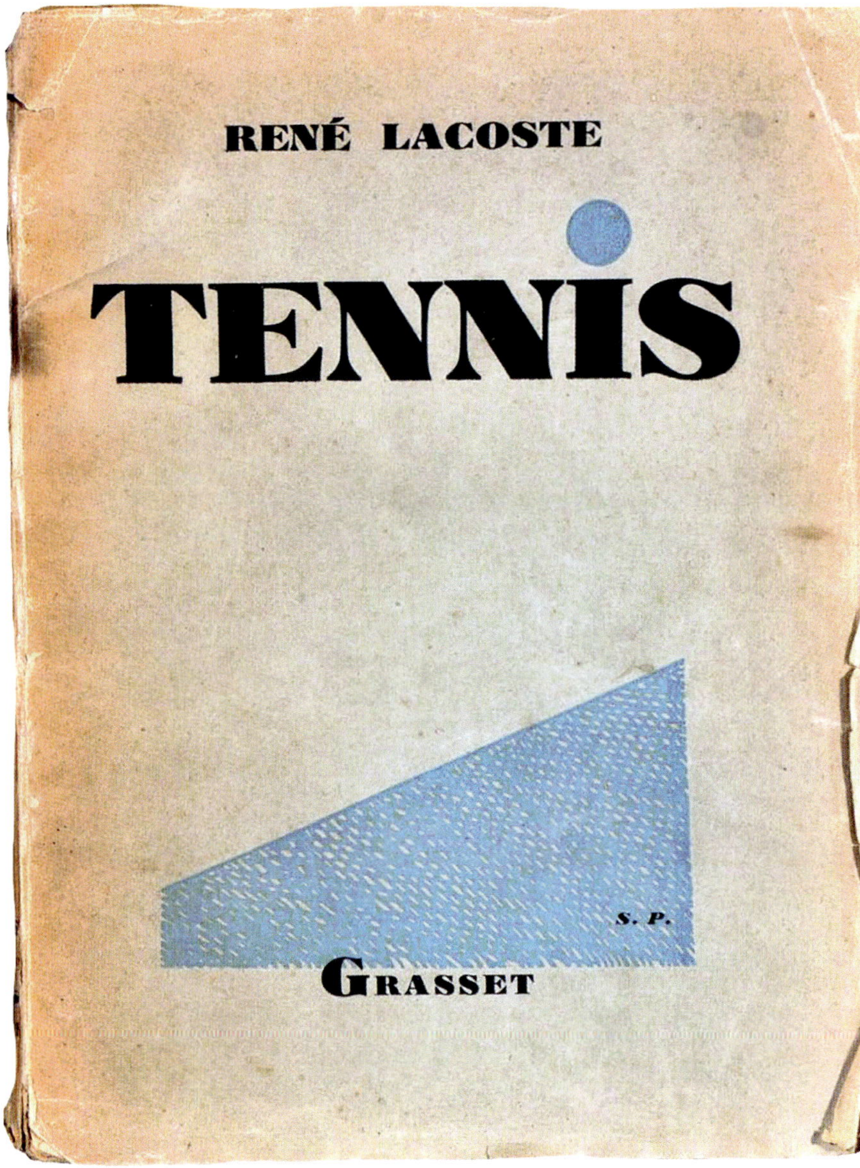

René Lacoste
***Tennis*, 1928**

« Cette œuvre, réalisée dans le cadre d'une commande pour le Club Paris 2024, s'insère dans une tournée des sites parisiens des Jeux olympiques de 2024. Roland Garros accueillera des compétitions de tennis et de boxe. C'est un lieu particulier pour moi qui ai derrière moi une carrière professionnelle de joueur de tennis. Il s'agissait de sublimer à travers des photos le site merveilleux du stade central Philippe Chatrier. Là où les finales de Roland Garros se jouent. Pour moi, qui suis devenu danseur, il s'agissait de mêler sport, danse et mouvement, trouver quelque chose à dire aussi de la photo de sport en la décalant légèrement. J'ai eu la chance de disposer du stade vide, trois heures pour moi seul et mon équipe. Trois heures pour voir le court d'un autre œil. J'ai ainsi voulu « voler », littéralement, au-dessus du court. C'est un corps en lévitation horizontale, parfaitement aligné avec l'espace géométrique du stade. Le QR code associé à l'œuvre permet de découvrir, à travers un petit film, l'histoire de cette série d'images. En effet, le corps du danseur passe alternativement d'une partie du terrain à l'autre, comme s'il était en train de jouer une partie. Dans laquelle il serait tout à la fois le joueur, la balle et la raquette. Je danse contre moi-même en quelque sorte. Comme on dirait que je joue une partie contre moi-même. Faut-il y voir une réinterprétation du match de tennis ? Pourquoi pas. J'exécute des gestes de tennis, à travers cette figure féerique de l'homme volant. La photographie est prise depuis les gradins par un de mes photographes, au zoom, tandis que j'exécute une chorégraphie. Le choix de cette focale permet de faire du court Philippe Chatrier, une sorte de toile peinte, géométrique, un souvenir de Mondrian, où même le corps se glisse comme une ligne sur fond rouge... » T.G.

Forgetmat
ACE / Roland Garros, Paris 2022

ŒUVRE D'EXTRAPOLATION

Avec *Les Vacances de monsieur Hulot,* Jacques Tati signe son deuxième long-métrage après le succès remporté par *Jour de fête* (1949). C'est le premier film d'une longue série où apparaît le personnage titre de « monsieur Hulot », un hurluberlu pittoresque, toujours interprété, comme Charlot dans les films de Charlie Chaplin, par Jacques Tati lui-même. Cette figure lunaire et mutique, écho du personnage de « Bip » dans les spectacles du mime Marceau, traverse, incrédule et décalé, un monde d'après-guerre en phase de modernisation. Dans tous les milieux qu'il traverse, Hulot paraît toujours inadapté, embarrassé de son propre corps, toujours à la recherche d'une façon de se comporter. Intimidé par l'ordre social, qu'il ne cesse ainsi de déranger sans le vouloir, Hulot témoigne des mouvements profonds qui travaillent un pays se relevant du traumatisme de la guerre, dans une phase, optimiste, de décollage économique. *Les Vacances de monsieur Hulot* met en scène, à travers une semaine de « congés payés », une séquence emblématique de cette société qu'on ne qualifie pas « des loisirs ». Hulot, parisien décalé, déjà par sa guimbarde pétaradante, s'installe comme quelques dizaines d'estivaliers dans la petite station balnéaire de Saint-Marc-sur-Mer, près de Saint-Nazaire. En suédois, le film est intitulé « Semestersabotören », sabotage des vacances. Hulot, par ses bévues, sa maladresse, va en effet jour et nuit torpiller le séjour des vacanciers qui ont pris pension, comme lui, à l'Hôtel de la Plage.

L'extrait présenté dans l'exposition effectue un pas de côté burlesque qui braque le regard sur le geste du « service » au tennis. Dans ce film, Hulot passe en revue tous les loisirs et activités du vacancier, parmi lesquelles le tennis. La pratique de ce sport est une activité alors encore peu démocratisée. Les joueurs qui se retrouvent au club, autour des courts, appartiennent à la classe aisée, bien distincte, à cet égard, des pensionnaires de l'Hôtel de la Plage. Il y a Martine, la fille de bonne famille, en villégiature dans une maison avec sa tante, un général en retraite et de jeunes bourgeois désœuvrés et bavards. Hulot, inclassable socialement, s'équipe, juste avant de venir, chez la mercière, en faisant l'acquisition d'une raquette, qu'il « essaie » dans la boutique ! Le voilà sur le court à jouer une partie, sous le regard d'une Anglaise excentrique, ravie de voir gagner son protégé. Hulot, s'il est intimidé dans les situations mondaines – à l'hôtel, au repas, dans les moments de pause, etc. –, rayonne d'ingénuité sur le court, soudain décomplexé. Il se saisit de la balle et agitant sans raison sa raquette comme une poêle à frire, dans un fantasque mouvement horizontal et vertical, opère un des services les plus grotesques de l'histoire de ce sport. Geste ridicule qui ridiculise les poses, les mines, les attitudes compassées de ces snobs, tous, à tour de rôle, furieux d'être défaits par ce novice qui ne savait pas jouer selon les normes. Cette leçon de tennis, donnée par un clown coiffé d'un chapeau en papier journal, tient du spectacle de mime par lequel Tati avait commencé, à travers un numéro de music-hall, intitulé « impressions sportives », au cours duquel il excellait à se transformer en boxeur, rugbyman, footballeur, tennisman. T.G.

Jacques Tati
Les Vacances de monsieur Hulot, 1953

René Lacoste et Deauville, c'est toute une histoire. C'est en effet sur les terrains de tennis de Deauville qu'en 1923, l'équipe de France, menée par René Lacoste, gagne son ticket pour l'Amérique où elle devra affronter l'équipe d'Australie dans le cadre de la Coupe Davis. À Deauville, sur les terrains en gazon refaits à neuf du Sporting Club, en contrebas de l'actuel Golf Barrière, René Lacoste affronte le samedi 28 juillet Manuel de Gomar, la star espagnole, invaincue dans la compétition. Au terme d'un affrontement épique, étalé sur deux jours en raison de la pluie, Lacoste, calme malgré les bourrasques de vent qui soufflent sur la station balnéaire, finit par s'imposer en quatre sets. L'équipe de France mène 1-0. Poussé par le public de Deauville, particulièrement friand de tennis, Lacoste l'emporte 6-1-, 6-3, 6-2. Grâce à son jeune champion, la France a désormais la victoire à portée de raquette. C'est Jean-François Blanchy qui termine le travail et offre le voyage en Amérique à cette équipe de jeunes talents. La Coupe se joue à Boston. C'est d'ailleurs au cours de l'une de ces promenades dans cette ville chic, avec son capitaine Allan H. Muhr, que Lacoste tombe en arrêt devant la vitrine d'une boutique de bagages. Il est fasciné par une valise en peau de crocodile. Il n'en a jamais vu de pareille. S'adressant à son entraîneur, il lance : « Si je gagne mon match contre les Australiens, tu me l'offres ! ». Malheureusement le match est perdu ! Mais le crocodile est resté. En 1927, le styliste Robert George s'amuse à dessiner un crocodile et montre ses esquisses à René Lacoste. Le champion ne résiste pas au plaisir de s'afficher avec l'animal symbole de sa reconnaissance internationale (les journalistes américains avaient eu vent de l'histoire et l'avaient surnommé le « crocodile »...). Il le fait broder sur son blazer blanc et l'arbore avant chaque match. Il finira par rejoindre, dès l'origine, le polo historique à manches courtes.

Mais c'est en 1928 qu'intervient un évènement fondateur pour la marque. Lacoste dispute la finale du championnat de France avec une chemise non-règlementaire. Il joue en manches courtes. Le champion, en atelier, a pris un jour des ciseaux et a découpé les manches. Le geste gagne en vitesse et en souplesse. La société René Lacoste et André Gillier, industriel du textile, voit le jour en 1933. Il s'agit de concevoir des vêtements de sport, adaptés aux corps sportifs. Inventé par René Lacoste, qui le conçoit en ingénieur, aussi sérieusement que s'il concevait une voiture, le polo remplace la chemise flottante à manches longues. C'est une révolution. Baptisée L.12.12., L pour Lacoste, 1 pour « petit piqué », 2 pour « manches courtes », et 12 car il s'agit du douzième prototype, cette invention, couverte par trois brevets, sera, signe distinctif, brodée du « crocodile »...

T.G.

Irving Penn
Le polo Lacoste vu par Irving Penn, 1986

Le « geste » du joueur de tennis tient à son physique, à sa technique mais aussi à ses appareillages – et en tout premier lieu, à la raquette. Il y a une histoire technique du sport. L'histoire des améliorations successives de cet « outil » – prolongement de la « paume » et du bras –, se confond avec celle des records et des champions. Pour le tennis, une révolution majeure intervient au début des années soixante, à travers une innovation portée par René Lacoste. Le fils de l'administrateur des voitures Hispano-Suiza, n'est pas seulement le joueur exceptionnel que l'on sait. Il pense aussi à passer le concours de Polytechnique, mais ce rêve s'efface devant un autre, celui que représente le tennis où il déploie des talents exceptionnels. Aussi, fort de ce tropisme technique, René Lacoste travaille le tennis comme l'aurait fait un polytechnicien, avec le même souci de précision et d'invention, s'emparant de tout ce qui contribue à la perfection du geste – du corps (avec ses « kinogrammes », publiés dans son livre *Tennis*) au vêtement (la fameuse « chemise » Lacoste), et naturellement à la raquette ; c'est ainsi que l'inventeur fait entrer la rationalité technique dans ce qui n'est alors à peine plus qu'un divertissement bourgeois. « Inventeur ! si je devais inscrire une profession sur ma carte de visite, c'est ce que j'y ferais graver. J'ai inventé toute ma vie », explique-t-il. La mythique chemise Lacoste est ainsi pensée et dessinée comme un objet technique. Et outre, dans les années 1920, le grip (les rouleaux de sparadrap sur le manche), la machine lance-balles, Lacoste fait breveter, en 1963, la première raquette en acier. C'est un tournant technologique majeur. Exit donc le bois, plus lourd, moins résistant. La raquette acier va transformer en profondeur le geste du joueur. Son aérodynamisme et sa maniabilité permettent de concentrer la puissance de frappe derrière la balle. Dotée d'un tour de tête plus large que celui d'une raquette en bois, nettement plus légère, avec plan de cadrage de 18x18 qui améliore la dynamique de frappe, la raquette, construite en acier tubulaire, booste les champions. Pierre Darmon est le premier joueur français à s'en équiper en 1963 à Wimbledon. Largement diffusée, la marque Wilson achète alors la licence pour la produire à partir de 1967, sous le nom de T2000. Cette raquette « magique » devait gagner 46 titres de tournois de Grand Chelem de 1966 à 1978, avec des champions comme Jimmy Connors et Billie Jean King...

T.G.

René Lacoste
Raquette acier, 1963

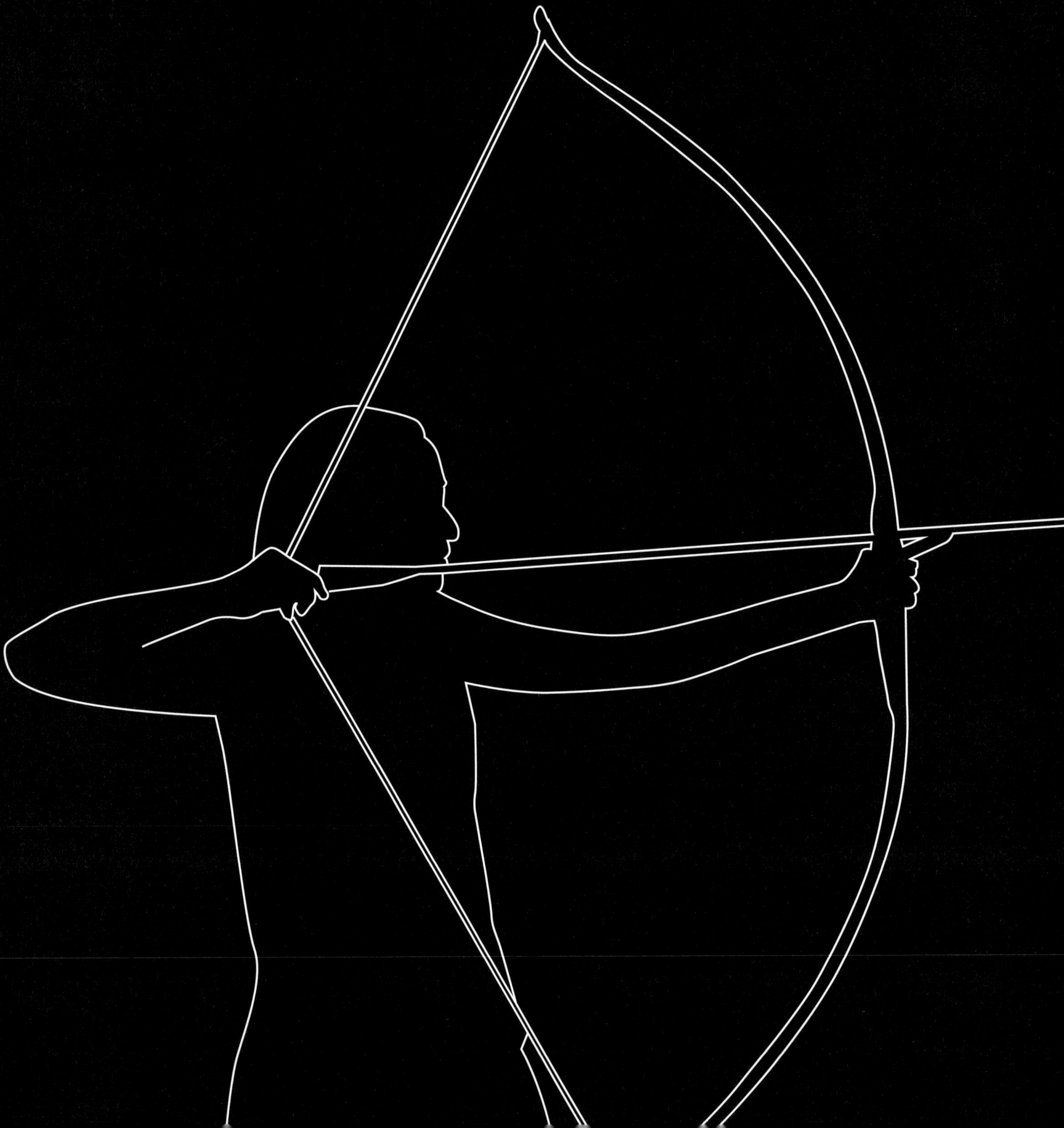

TIR À L'ARC

JAMAICA
TDK
BOLT

TIR À L'ARC, GESTE PHILOSOPHIQUE

Il est rare qu'une discipline sportive se résume à un seul geste. Le tir à l'arc en est un, et quel geste ! Geste paradoxal qui suppose l'immobilité. L'arc et le corps ne font qu'un. Le bois et le muscle, la corde et les doigts. L'outil – très ancien puisqu'il remonte à notre préhistoire – et le sujet se lovent l'un dans l'autre, manifestant presque ingénument les épousailles de l'homme et de la technique. Cette fusion du geste « physique », qui tient au corps, et du geste « technique » qui tient à la machine, distingue la discipline. Mais davantage. Le tir à l'arc a nourri la méditation philosophique sur les fins. Faut-il viser la cible ? Au risque de manquer le but ? Les stoïciens, dans leur quête de la vie bonne, considéraient qu'il fallait viser la vertu comme cible idéale (skopos), mais que l'important, c'était le but (telos) – s'efforcer d'être vertueux. La sagesse zen du Kyudo – art chevaleresque du tir à l'arc – ne dit pas autre chose en enseignant qu'il faut viser le but, au-delà de la cible... T.G.

Usain Bolt et son geste de l'archer...
Championnats du monde, 200 m hommes, 2015

Le Zen dans l'art chevaleresque du tir à l'arc est un essai écrit par Eugen Herrigel (1884-1955), professeur de philosophie allemand, spécialiste de Maître Eckhart et de la mystique rhénane. Remarqué lors d'un voyage dans les universités allemandes au cours des années vingt, par un groupe de professeurs japonais, il est invité en retour à venir enseigner au Japon. Les relations entre ces deux pays, si lointains, peuvent étonner. Elles s'expliquent pourtant par le tropisme qu'elles partagent alors pour une société d'ordre, fortement hiérarchisée, voire militarisée. C'est ainsi que de 1924 à 1929, Herrigel part enseigner la philosophie au Japon, dans l'Université impériale du Tohoku. Mais le jeune intellectuel, conforme en cela à la curiosité de sa génération, est fasciné par le zen et cherche à comprendre cette philosophie qui exalte le geste parfait. C'est ainsi que, parallèlement à son enseignement, il entre dans un monastère où enseigne Awa Kenzo, chef de file d'une branche mystique de la pratique du Kyudo, l'art zen du tir à l'arc. Cette pratique, appelée Daishadokyo, exalte la dimension spirituelle de cet art martial. De retour en Allemagne, et fort des notes qu'il a prises au cours de ces années, Herrigel rédige en 1936 un premier article conférence sur son expérience, témoignage lumineux d'un occidental bouclé dans l'un des centres les plus traditionnels de la philosophie orientale. Après-guerre en 1948, il le reprend, l'augmente, l'amende pour en tirer la matière de ce petit livre, traduit en anglais en 1953. Eugen Herrigel y fait le récit de son initiation au monastère. Ainsi les deux pensées, occidentale et orientale, se rencontrent-elles dans ce dialogue rare. Le philosophe allemand, héritier d'une longue tradition conceptuelle, éclaire d'une lumière rasante la tradition philosophique orientale. Sans doute le zen croise-t-il souvent, dans ses énoncés paradoxaux, l'héritage stoïcien, avec cette idée, métaphore souvent utilisée par les philosophes grecs, qu'il faut viser au-delà de la *cible* (skopos) pour atteindre le *but* (telos). Ce livre, mythique aujourd'hui car entouré d'une aura de mystère et de sagesse, eut une fortune critique particulière en France puisqu'il fut immédiatement adopté par un certain nombre d'intellectuels et artistes – comme Jean Paulhan, Georges Braque ou encore Henri Cartier-Bresson... Il est, depuis les années soixante, régulièrement réimprimé, preuve de la persistance de son rayonnement. Avec cette réserve néanmoins : un chercheur a découvert, il y a peu, que son auteur avait été un adhérent convaincu du régime nazi... T.G.

Eugen Herrigel
Le Zen dans l'art chevaleresque du tir à l'arc, 1948

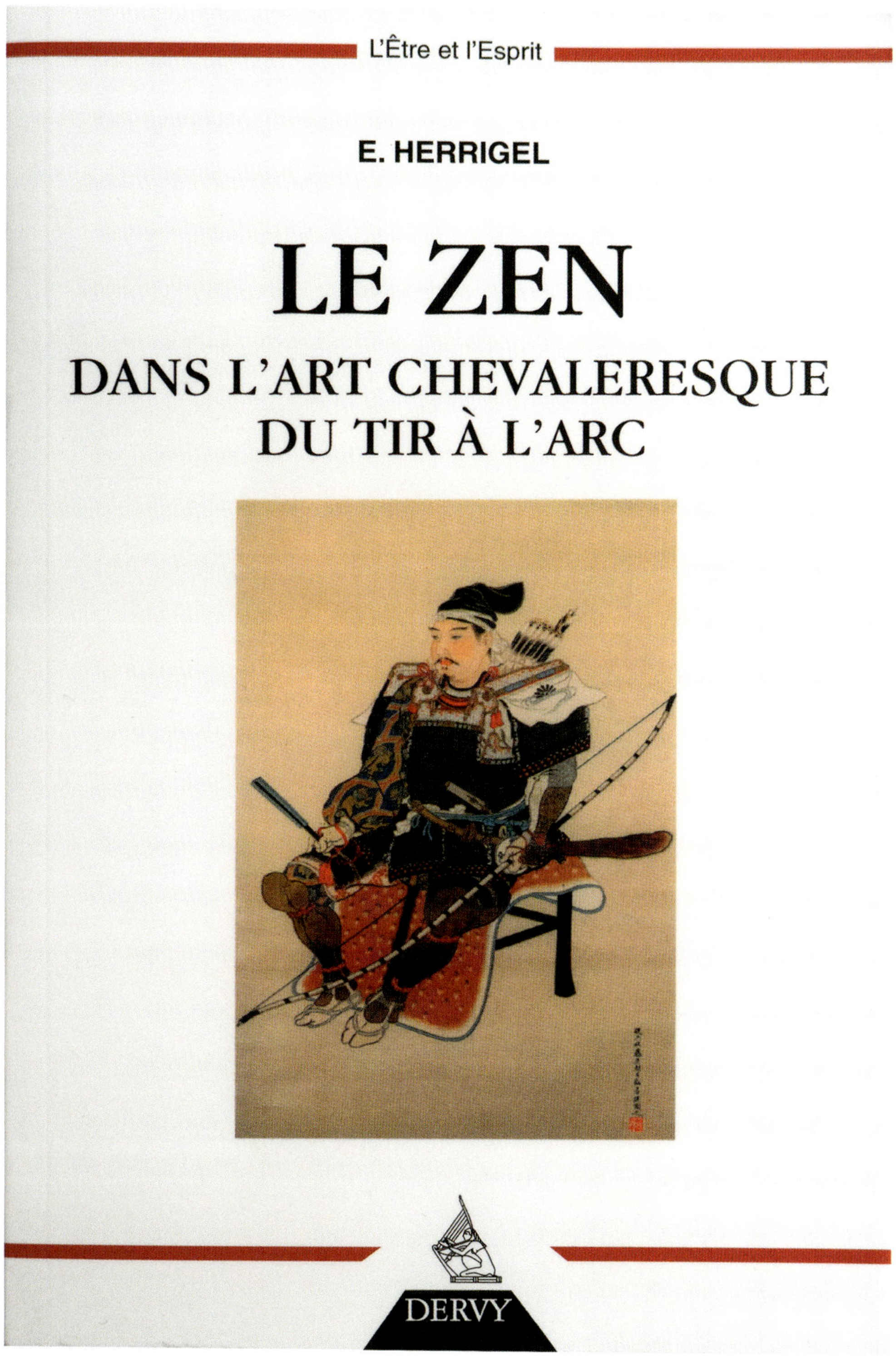
L'Être et l'Esprit
E. HERRIGEL
LE ZEN
DANS L'ART CHEVALERESQUE
DU TIR À L'ARC
DERVY

A la différence d'autres Européens, journalistes reporters qui ne font que passer, Felice Beato (1832-1909), photographe italo-anglais, est connu pour être l'un des premiers photographes européens à s'installer au Japon. Malgré les restrictions que le shogunat des Tokugawa fait peser alors dans l'accueil des étrangers, Felice Beato réussit à entrer et, profitant de toutes les occasions qui lui sont offertes (comme des missions d'ambassades), voyage dans le pays, rapportant pour le public européen des images inédites du monde japonais. Au Japon, dans les différents studios qu'il monte, Beato conçoit un projet, mi-artistique, mi-ethnologique, qui consiste à documenter les visages et les paysages du Japon – par exemple, en 1865, la célèbre série de vues de Nagasaki et ses environs. En 1863, il déménage à Yokohama, rejoignant son associé Charles Wirgman, – avec lequel, à la manière d'un globe-trotter d'un roman de Jules Verne, il avait fait la route de Bombay à Hong Kong. De ce travail, est issu un remarquable témoignage du Japon de la période d'Edo.

Parmi les images qu'il réalise, composant le portrait de la société japonaise, le personnage de Koboto Santaro revient à de nombreuses reprises. Le portrait d'un samouraï, autrement désigné « commandant en chef de l'armée du shogun », est présenté avec le nom de celui qui pose, en raison probablement de l'importance de sa fonction et de sa notoriété. Ainsi, cette image se distingue des autres – présentés de façon anonyme –, comme un document « ethnologique ». Ce cliché, réalisé en studio dans un espace neutre, permet de concentrer le regard sur le costume traditionnel du samouraï et son équipement – carquois, arc, flèches. Vu de profil, le guerrier est mis en scène en train d'armer d'une flèche son arc. T.G.

Felice Beato
Koboto Santaron Samourai, 1863

Suzuki Shinichi
Tir à l'arc, c. 1870

Antoon Francis Bauduin
Samurai, c. 1863

Ce cliché, débarrassé de la fascination « exotique » de l'Européen pour le Japon, présente trois archers, en extérieur, sans autre mise en scène que celle qui fait se succéder, peut-être, trois gestes de l'archer s'apprêtant à tirer. Ici, pas de volonté de magnifier le guerrier, ni le geste de l'archer – à rebours de la photographie de *samouraï* archer, signée d'un diplomate hollandais, résidant à Yokohama vers 1863. Le décor pauvre, fait d'une paroi de bois sur un sol naturel, raconte peut-être le déclassement de la caste des samouraïs, qui perdent de leur pouvoir dans le Japon, en pleine modernisation, de l'ère Meiji. C'est peut-être déjà, pour le plus ancien photographe japonais qu'est Suzuki Shinichi, une image mélancolique d'un Japon qui disparaît. T.G.

Utagawa Kuniyoshi est un des maîtres de l'Ukiyo-e, ces estampes, « images du monde flottant », monde éphémère où les hommes ne font que passer. Au milieu du XIXe siècle, l'artiste entreprend la création d'une série de 72 estampes, illustrant les étapes de la route reliant Edo à Tokyo. Le Kisokaido (du nom de la rivière Kiso), route « des montagnes » de 542 kilomètres, enchaînant neufs cols, très difficiles d'accès, faisait partie d'un réseau de cinq grands axes qui avaient été établis par le pouvoir impérial pour contrôler le pays. D'abord empruntées par les grands seigneurs et leur suite, qui allaient visiter la capitale, ces grandes routes furent de plus en plus fréquentées par des commerçants. D'autres qu'Utagawa Kuniyoshi se sont emparés du thème du voyage par cette route – notamment Hiroshige, dont les estampes manifestent une inspiration différente, sensible à la beauté des paysages, à leur pittoresque ainsi qu'à la variation des éléments. Pour sa part, Kuniyoshi, considéré comme un artiste excentrique, plus baroque dans sa manière et ses intérêts, puise son inspiration dans les romans, les légendes du folklore japonais. Sa route est peuplée de fantômes, d'histoires étranges. Chaque station offre à l'artiste, un thème, une histoire, un conte qu'il réinterprète pour donner à rêver. Le relais numéro 10, celui de Fukaya, est occupé par l'image d'un impressionnant archer, à l'air belliqueux. Le personnage est en train de bander son arc immense. Le protagoniste du conte évoqué par cette estampe se nomme Yuriwaka Daijin, général japonais victorieux des armées mongoles. Son histoire est demeurée célèbre au Japon en raison de la terrible vengeance qu'elle met en scène. Ce militaire, abandonné sur une île et trahi par l'un des siens, revient – par magie – dans sa province. Il va retrouver sa femme, qui malgré les avances du prétendant, lui est demeurée fidèle. Yuriwaka, incognito jusqu'au moment où il prouve son identité par son talent d'archer, va tuer lui-même le traître. Certains ont reconnu, dans la trame de l'histoire, dans les traits des personnages (l'épouse, le rival) *L'Odyssée*, et dans l'archer vengeur, la figure d'Ulysse, rentré dans son royaume pour massacrer de son arc tous les prétendants...

T.G.

Utagawa Kuniyoshi
69 stations de la route du Kisokaido ;
« Relais n° 10 - Fukaya Yuriwaka Daijin », 1852

木曽街道六十九次之内
深谷
百合若大臣
加賀安

Mad.na della Folgore
C. Lupattelli
C. Pucci
Rocca del Nibbio
P.GIO FRATINO
Cava di tufo
P.GIO SPINETO
P.GIO VIGNALE
POGGIACCIO
P.GIO S. BENEDETTO
M. ROSANO
P.GIO CUPELLONE

Que cible l'œuvre d'art ? Une adresse – *Ruins in the Forest 12 bis*... Cette œuvre paraît frontalement poser la question, avec cette spirale en forme de cible, rajoutée à l'acrylique sur une photo sur verre, sous laquelle on discerne une carte d'état-major. Son auteur, Salvatore Puglia, né en 1953 à Rome, un des artistes les plus intéressants autant qu'énigmatiques de l'époque, a quitté l'Italie en 1986 pour s'installer en France. Ses œuvres ont, depuis le début, fait dialoguer l'écrit (manuscrit ou imprimé) et l'image. Ses tout premiers tableaux rassemblaient ainsi des graffitis, des images – photos, images pieuses, publicitaires – et de la couleur. Au fil du temps, la photographie a pris une place importante dans sa démarche. Depuis les années quatre-vingt-dix, son œuvre est considérée comme relevant de la photographie plasticienne. Même si le processus de création cible, au-delà du visuel ou en même temps, l'histoire. « Je tombe, d'abord, dans les bibliothèques ou les archives historiques, sur une image qui me frappe pour une raison qui m'est inconnue ». Salvatore Puglia agit ainsi comme un médium de l'histoire, assumant de faire voir dans ce que l'archive semble montrer, la part obscure de ce qui y est refoulé. Il y a du chamane dans la démarche de l'artiste, qui se saisit du matériau historique – photos, cartes, écrits – pour en faire surgir ce qui n'était pas attendu. Comme dans cette œuvre, *Ruins in the Forest*. L'image bucolique et tranquille de cette forêt brumeuse, avec cette clairière aux chevaux, paraît être juste un assemblage – photographie, carte d'état-major que l'on discerne sous la photographie sur verre (sans que la carte corresponde au site photographié), et intervention à l'acrylique. Cette image complexe porte ainsi en son centre un signe, comme une cible dirigeant le regard, l'entraînant dans la spirale rouge jusqu'à se concentrer sur cette stèle. Le site en question est le camp d'internement de Gurs, aujourd'hui transformé en forêt (il reste une installation de Dani Karavan, une baraque remise en l'état et quelques stèles avec des légendes). « J'ai eu l'idée d'ajouter une cible-spirale en rouge fluo justement pour qu'elle ne désigne rien en particulier, le lieu n'étant plus ce qu'il a été. Aussi, que la cible soit ouverte est l'idée d'une autre histoire possible (comme la carte topographique qui ne correspond pas au sujet) ». Ainsi, comme au tir à l'arc, la cible ne se superpose pas terme à terme au but...

T.G.

Salvatore Puglia
***Ruins in the Forest 12 bis*, 2022**

Henri Cartier-Bresson, à la fin des années cinquante, fait du *Le Zen dans l'art chevaleresque du tir à l'arc* son livre de chevet. Considéré comme un artiste « surréaliste », Cartier-Bresson est attiré par le zen et par l'idée que la sagesse se gagne par l'établissement d'un calme intérieur. Avant-guerre, il évoquait encore la photographie en termes de « chasse ». La lecture du livre d'Herrigel l'éblouit. C'est une révélation. Cartier-Bresson change de paradigme. Il troque la carabine pour l'arc. Le geste du tireur à l'arc, moins centré sur le résultat et davantage sur le mouvement intérieur, s'érige en modèle d'explication de son art. Le photographe est un archer. Il voit immédiatement ce qui relie les deux. Toutes les questions qu'il se pose trouvent, d'une manière ou d'autre, réponse dans le dialogue du Maître et de l'élève qui fait le fond de cette expérience. La photographie est un « art » où le regard est plus que vision, « visée », et la prise de vue, un « tir photographique » déclenché à « l'instant décisif ». Ces mots, ces concepts tirés de l'art du tir à l'arc vont devenir les siens pour le reste de son existence. « Le coup parfait ne se produit pas au moment opportun parce que vous ne vous détachez pas de vous-même. Vous ne tendez pas vos forces vers l'accomplissement mais vous anticipez votre échec. L'art véritable est sans but, sans intention... Libérez-vous de vous-même, laissez derrière vous tout ce que vous êtes, tout ce que vous avez, de sorte que de vous, il ne reste plus rien, que la tension sans aucun but », dit le Maître. Cet effacement de soi qui est recherché dans le geste de l'archer n'est-il pas, se demande Cartier-Bresson, celui auquel doit tendre le photographe ? Le tir à l'arc, qui voit le maître zen, yeux bandés, atteindre sa cible dans l'obscurité, n'est-elle pas la métaphore parfaite du tir photographique lui-même ? Qui sait lorsqu'on appuie sur le déclencheur si et ce que l'œil aura atteint. Il faut lâcher la corde, et avec elle, tout son moi, comme il faut lâcher le regard-flèche. Plusieurs de ses chefs-d'œuvre peuvent être relus rétrospectivement à la lumière de ce qui devient une esthétique du « tir ». Comme ce célèbre cliché de la *Place de l'Europe*, 1934. On y voit un petit homme en costume et chapeau, saisi en train de sauter au-dessus d'une flaque, un jour de pluie, près de la gare Saint-Lazare. Cette image n'aurait pas existé une seconde avant, ni une seconde après, ni non plus si le photographe avait eu « l'intention » de faire cette photo. Cet « oubli de soi » dans le tir photographique permet peut-être aussi de libérer les puissances de l'inconscient – à la manière d'un geste surréaliste –, et parer en quelque sorte cette image des sortilèges du monde inversé. Car l'homme qui court et saute par-dessus son reflet dans la flaque, n'est-il pas en train de passer symboliquement de « l'autre côté » du miroir ? Celui du rêve et du monde enchanté... T.G.

Henri Cartier-Bresson
Place de l'Europe - Saint Lazare station, 1932

RAILOWSKY
RAILOWSKY

Bourdelle, artiste de la Belle Époque, élève et ami de Rodin, répond à la commande de Gabriel Thomas, un riche mécène amateur d'art pour concevoir, en 1909, l'œuvre qui va lui assurer une notoriété mondiale : *Héraclès archer*. Une des versions monumentales de l'œuvre, un bronze massif, est installée à l'entrée de l'INSEP. Cet archer qui bande fort un arc – sans corde, sans flèche –, n'est-ce pas le plus beau symbole du sport, hyperbole de l'effort et de la volonté ? La sculpture exalte, en l'exagérant au-delà du naturel, le geste unique d'une discipline unique en son genre, dans le déploiement spectaculaire de deux forces, celle du bras qui tend l'arc, celle du pied qui fait contrefort. Dans ce tir d'une flèche invisible, c'est peut-être l'image du désir sans contenu, la pure aspiration à se projeter que Bourdelle a réussi à représenter. L'œuvre est inspirée d'un épisode mythologique, les douze travaux d'Héraclès, en l'occurrence le cinquième confié au héros dans une entreprise de purification du monde. Il s'agit cette fois de débarrasser le lac Stymphale de ses oiseaux monstrueux, sortes de ptérodactyles carnivores, mangeurs d'hommes, aux ailes et aux griffes d'airain qui épouvantent toute une région. Le héros, équipé de son grand arc et de ses flèches empoisonnées, déniche les volatiles et les extermine jusqu'au dernier. Et pour exprimer cette puissance, Bourdelle conjugue l'anatomie à la dynamique : « Je fis arriver sur la forme, au-delà du sang, de l'os, du cartilage et des muscles humains, la structure ambiante des forces ». Le geste de l'archer, dans l'œuvre de Bourdelle, est capté dans une pose frôlant le déséquilibre. Héraclès est croqué, équipé de son arc sans corde et sans flèche, avec un visage effilé et géométrique, stylisé à la manière antique à la demande du modèle, André Doyen-Parigot, un militaire, « gymnaste et homme lettré », qui ne souhaitait pas être reconnu. La statue, jouant d'un parfait équilibre des pleins et des vides, acquiert une puissante force graphique. Comme un dessin au fusain tracé dans l'air. La sculpture, relevant de ce mouvement que les historiens d'art qualifient de « classique moderne », vire ainsi au « logo » sportif, idéogramme de la performance athlétique – et inspire le réemploi du dessin de l'*Héraclès archer* de Bourdelle, imprimé sur tous les cahiers d'écoliers de la marque éponyme dans les années trente... Bourdelle participa au concours pour l'affiche des JO de Paris en 1924, mais malgré ses merveilleuses esquisses, l'archer ne fut alors pas retenu. T.G.

Antoine Bourdelle
L'Archer grec, 1929

Antoine Bourdelle
***Héraklès archer,* cinquième étude**, 1906-1909

Une des caractéristiques de l'artiste sénégalais, Ndary Lo, disparu en 2017, c'est d'avoir passé l'essentiel de sa vie à Dakar, d'y avoir été en contact permanent avec les influences esthétiques de la scène artistique sénégalaise et d'avoir fait effort, sans doute, pour s'en affranchir. Connu pour son hommage à Rosa Parks, pour ses arbres et surtout pour ses « marcheurs », qui sont comme les frères africains des « hommes qui marchent » d'Alberto Giacometti, l'artiste s'est très vite emparé d'un matériau originellement conçu pour la construction, solide et fragile à la fois, le fer à béton, avec lequel il a imaginé tous ses corps. « Mes sculptures, je les appelle *nit* (qui signifie personnage en wolof). Ce qui est important pour moi, c'est leur mouvement. Je suis obnubilé par le mouvement, il faut que cela bouge ». *L'Ambitieux*, fine et haute sculpture de métal, dessine dans l'espace la silhouette d'un archer longiligne, aux jambes démesurées, à la tête si haut perchée qu'elle paraît disparaître dans la nuée. Ce corps de chasseur à l'arc, tout en tension, paraît marcher. Son tir s'inscrit dans ce cheminement, et n'en est que le prolongement. L'archer semble viser, non une proie qui surgirait dans son horizon, mais le ciel, avec ce mouvement du corps basculant vers le haut. Est-ce que cet « ambitieux » serait cet homme qui tenterait d'attraper l'esprit, la transcendance ? Un Prométhée du spirituel, tentant de tirer un fil entre le ciel et la terre, entre lui et l'Être suprême ?

T.G.

Ndary Lo
L'Ambitieux, 2014

L'INVENTION DU CORPS SPORTIF

Georges Vigarello

Le corps sportif échapperait à tout commentaire, tant son apparence et son efficacité font apparemment consensus. Le muscle l'emporte, l'opérationnalité s'impose, les qualités sont celles d'une excellence exhaustive, loin de toute hésitation ou de tout raté. Cause entendue, évidence achevée. Le modèle semble hors de doute et même en constant progrès. Il suffit pourtant d'observer attentivement les acteurs sur un stade, pour constater combien nombre de corps ne se ressemblent guère : le puissant peut s'opposer au fragile, le longiligne « effilé » peut s'opposer au trapu « ramassé », le rapide « explosif » peut s'opposer au calculateur « ralenti ». Le corps sportif ne représente, à vrai dire, rien d'autre que la diversité des techniques, des cultures, des milieux. Seule s'impose plutôt la nécessité absolue de maîtriser les gestes et de contrôler leur effet. Une exigence du coup domine, qui fait toute la différence entre un corps entraîné, celui du sportif, et un corps qui ne l'est pas, celui de « tout le monde ». Cette exigence est celle du sensible, sa prise de conscience, sa gestion de part en part poursuivie, travaillée, assurée. Le corps sportif a dès lors comme qualité première celle de l' « intériorité », plus que celle de l' « extériorité ». C'est bien avec le temps, comme avec le développement et la diversité des pratiques, qu'un tel corps a pu s'inventer.

Le stéréotype et le consensus

Le corps sportif semble, de fait, traverser les âges : taille imposante, muscles saillants, allure décidée. Le modèle dominerait même de l'Antiquité à aujourd'hui, code identique dans le temps, « enveloppe » quasi stabilisée. Pierre de Coubertin, à la fin du XIXe siècle, le montre avec insistance, multipliant les références à la Grèce ancienne, la nudité de sa statuaire, ses reliefs réalistes et « découpés ». Publicités et magazines actuels le montrent aussi, magnifiant la densité physique et son profil galbé. Une dynamique dès lors l'emporte pour figurer un tel modèle, faite d'intensité visible et de formes soulignées. Le seul mot d'« athlétique » aurait d'emblée sa correspondance physique, son contour irréfutable, excluant toute hésitation ou toute ambiguïté. Le corps sportif, faut-il y insister, possèderait son originalité, son excellence, avec ses proportions puissantes et réglées, son ascendance définitive sur les proportions hésitantes, celles jouant avec la faiblesse, la maigreur, le relâché. Le magazine *sport fitness*, dans les années 2000, en donne même une version pédagogique, proposant « six astuces pour obtenir un corps athlétique et musclé[1] ». Il prétend aider à « reconnaître un athlète ». Il prétend aider chacun à le devenir. Il associe ainsi suggestions et dictats : principes diététiques, principes d'entraînement, surveillance du poids, attention aux formes, régulation du sommeil… Nul doute, le corps sportif obéirait à des critères évidents. Son accessibilité serait laborieuse, sans doute, mais offerte à tous. Un consensus existe, il se réalise, il se voit.

Le stéréotype et ses limites

Ce qui frappe pourtant, c'est d'abord la difficulté de trouver une définition traditionnelle à l'existence d'un corps sportif. Les mots hésitent, les figures varient. Rabelais, au XVIe siècle, insiste sur la valeur physique de Gargantua, ses exercices, ses exploits, tout en faisant référence à des actions plus qu'à des formes de corps, à des façons d'opérer un geste plus qu'à des façons d'exhiber une morphologie. Il décrit les qualités de Gargantua, furieusement actif, en déclinant non ses allures, mais ce qu'il fait : « gravait (gravissait) les arbres comme un chat, sautait de l'un à l'autre comme un écureuil… montait en haut d'une maison comme un rat…, jetait le dard, la barre, la pierre, la javeline, l'épieu, la hallebarde… [2]». La référence est celle de la « réalisation » matérielle, non celle du profil physique. Évocation brévissime de la forme néanmoins, mais pour signifier, ironiquement et en toute priorité, l'immensité du personnage dont le pourpoint a nécessité « huit cent treize aulnes de satin blanc[3] ». Gargantua, en « athlète », serait un corps au pourtour sans limite, sachant tout faire et tout réaliser. Son allure précise et circonstanciée en revanche, ses caractéristiques de corps, ne se décrivent pas. Ce qui montre la difficulté de désigner des qualités physiques, « abstraire » le faire pour en distinguer des caractéristiques repérables, différencier ces dernières, les nommer, les commenter…

Reste que des qualités physiques sont bientôt évoquées dans l'Europe classique. Des substantifs plus « abstraits » se précisent. Des ressources et des potentialités s'énoncent. Elles sont limitées pourtant, oscillant, durant longtemps, entre force et adresse, seules aptitudes censées révéler un corps sportif. D'où l'association, sous la même catégorie, d'activités qui ne le seraient plus aujourd'hui. *L'Histoire naturelle de l'homme,* de Buffon, par exemple, en 1750, renvoie la course à un exercice de force, laquelle peut se juger par la « continuité de l'exercice[4] ». *La Gymnastique de la jeunesse* de Amar Durivier et Jauffret en 1803, adopte la même référence, tout en classant, dans la force encore, la course et le saut[5]. Le texte ajoute la « grâce », catégorie dans laquelle entrent, outre la danse, l'escrime et l'équitation[6]. Des rubriques aussi restreintes laissent ainsi exister du flou, des paradoxes, des contradictions. C'est dans l'adresse, cette fois, que Guillaume Depping, en 1868, classe la course, en lui associant la natation et le saut[7]. D'où l'imprécision des qualités physiques concernées : ce qui était force pour Buffon devient ainsi adresse pour Depping, alors que disparaît chez ce dernier la grâce auparavant relevée.

Rien ne justifie de tels classements avec les savoirs actuels. Chacun sait que la course peut relever de la résistance ou de la vitesse, chacun sait que le saut relève de la détente et la natation d'un talent de flottaison.

Autant de qualités quasiment non citées avant la fin du XIXe siècle. Ce qui exige d'ailleurs d'aller plus loin. Les pratiques spécialisées, leur répétition, celles mêmes que le sport contemporain a imposées, montrent surtout que de telles qualités ne sont pas nécessairement en concordance entre elles. Elles montrent même que de telles qualités sont souvent en opposition : « L'exercice de vitesse produit des résultats particuliers très différents de l'exercice de force[8] ». Les physiologistes, livrant, à la fin du XIXe siècle, les premières études sur les pratiques compétitives, insistent sur un constat précis : le « coureur de fond » n'est pas celui qui peut devenir « sprinter » et vice versa[9]. Mieux, plus le coureur de fond se livre à un entraînement spécialisé, plus il s'éloigne des exigences de la vitesse pure, plus son corps s'effile, s'amincit, adoptant un profil qui ne saurait être celui du sprinter. Il ne cultive, faut-il le dire, ni les mêmes dispositions musculaires, ni les mêmes fonctions organiques que ce dernier. C'est avec la spécialisation que s'inventent des qualités, c'est avec la compétition que se cultivent et s'approfondissent ces mêmes qualités. D'où la panoplie toujours plus étendue, et toujours plus définie, de potentialités physiques distinctes avec l'interminable diversification des pratiques sportives.

Éloge de la diversité

La spécialisation sportive, faut-il le redire, a imposé ses effets. L'allure du sauteur n'est pas celle du coureur, comme celle du fleurettiste n'est pas celle du rugbyman : « Les hercules de foire ont habituellement une structure massive qui s'accentue de plus en plus par l'exercice de leur profession. Les coureurs, les danseuses, les prévôts d'escrime sont généralement sveltes et amaigris[10] ». Au sein d'un même sport collectif, le rugby, par exemple, de telles différences sont tout aussi notables. Christian Pociello a récemment distingué l'allure et la motricité des avants, largement éloignées de l'allure et la motricité des trois-quarts : les premiers, relativement lourds et compacts, familiers des chocs et des mêlées, le seconds, relativement rapides et légers, familiers des feintes et des courses de pleins champs[11]. Le corps sportif, autrement dit, est « diversité ».

D'autant que l'objet des pratiques et des entraînements, depuis plusieurs décennies, s'est largement bigarré, ouvert sur les motricités les plus variées. L' « esprit » des activités elles-mêmes s'est enrichi, modulé, développé. Le goût de l'effort s'accroît sans doute, suivant en cela une vieille tradition, appliqué dans des pratiques « dures » faites d'exigences physiques toujours plus calculées, exactement comme s'accroissent les pratiques « fun », celles centrées sur le seul plaisir du faire, ou les pratiques à risque, celles centrées sur le vertige et les sensations « extrémisées ». Les qualités, dont toutes ne vont pas ensemble, se sont multipliées, détente, résistance, endurance, force, coordination, vitesse, réactivité..., comme se sont, dès lors, multipliées apparences et tonicités.

L'imaginaire plus encore s'est enrichi, orientant vers des manières différentes de penser les pratiques et d'en tirer plaisir. Une « poétique matérielle » s'est imposée, diversifiant les registres de relations et d'affrontements : les « corps en creux », plus réceptifs, jouant avec les feintes et les fluidités, les « corps pleins » plus agressifs, jouant avec les contacts et les chocs, les mobilisations d'un imaginaire de l'air, celles d'un imaginaire de l'eau, celles des vertiges, des contraintes, des enracinements, l'extrême diversité des vitesses et des lenteurs, des souplesses et des raideurs, des forces et des élans. Cet espace et ce temps d'être et d'action se sont développés comme jamais. Les choix, les goûts se sont définitivement « décloisonnés » : un phénomène de mœurs s'est affirmé où semblent démultipliées les inclinaisons individuelles et les sensibilités. Se déploient alors des qualités aussi diverses et séparées, voire quelquefois non conciliables, que... vitesse, détente, résistance, endurance, force, adresse, coordination, maîtrise, puissance, équilibre, tonicité, fluidité, souplesse, laxité, impulsivité, explosivité, réactivité... Toutes inventées dans les dernières décennies, avec le développement du sport, toutes renvoyant à quelque archéologie culturelle les deux seules qualités longtemps « exclusives » de force et d'adresse.

L'unification par l'attention au sensible

Il reste pourtant une référence dominante, celle qui rapproche les corps sportifs entre eux, celle qui s'est développée aujourd'hui comme jamais, avec des exigences techniques toujours affinées, une culture gestuelle toujours approfondie, une évaluation des résultats toujours plus chiffrée. Les qualités attendues font toujours plus de place au contrôle des mouvements, à la maîtrise motrice, à la commande nerveuse et à sa précision. L' « intériorité » physique gagne dès lors en importance par rapport à ce qui était « extériorité ». Les sportifs ne vivent plus seulement leurs compétitions comme des moments d'investissements mécaniques, ils les vivent comme des moments d'investissements intérieurement éprouvés. Ils ne commentent plus seulement leurs réussites ou leurs échecs comme des effets de geste ou d'énergie, mais comme des effets d' « imprégnation » corporelle : celle d'une adhésion d'abord sensible à la pratique attendue. Jouer serait se sentir « traversé ». S'exercer serait s'avouer « habité ». Jérémy Ménez, le footballeur parisien, retrouvant son équipe après une blessure en août 2013, ne dit pas avoir renoué avec son adresse ou son aisance techniques, mais bien avec son univers sensoriel : « J'ai de bonnes sensations, et cela fait du bien de retrouver le groupe[12] ». Yoann Bagot, le coureur cycliste de l'équipe Cofidis, affrontant, après des difficultés de santé, une grande course en mars 2013, ne dit pas avoir retrouvé son souffle, ses résistances, ses capacités organiques, mais bien, ici encore, son univers sensoriel : « Pour une reprise, c'est encourageant... J'ai retrouvé mes sensations[13] ». Référence iden-

tique, mais plus douloureuse pour le cycliste Bruno Armirail, réintégrant son équipe, affrontant l'effort des ascensions, la dureté des échappées, après un accident au début de l'année 2016, et avouant « courir encore après ses sensations[14] ». Jusqu'au torero Juan Bautista qui se défend de quelques « faiblesses » durant la saison 2013 en évoquant également son univers sensoriel : « Paradoxalement, mes sensations sont très positives alors que j'ai perdu quelques trophées à l'épée[15] ». C'est enfin ce qu'attendent les pratiquants des arts martiaux, attentifs aux « messages » se propageant « dans le corps comme les ondes dans un liquide[16] ».
Une démarche très particulière s'est d'ailleurs fortement développée, confirmant plus que jamais ce travail d'intériorité : l' « entraînement mental », la tentative de vivre en image, et en « ressenti », la pratique attendue. Avec elle, l'enjeu exclusif donné à la représentation motrice aurait ses effets : « s'améliorer dans son canapé grâce à l'imagerie mentale[17] ». L'appel de pensée rejoint l'appel des sens, transformant l'exploration intérieure en règle obligée : « Etre centré dans son corps signifie l'habiter en permanence, le sentir, le relâcher, comprendre les informations qu'il nous donne à chaque instant. Le centrage précède et accompagne l'action[18] ». Cet exercice de figuration active joue avec une nouvelle et insistante certitude sensorielle. Il est censé provoquer, au sein même de quelque imperturbable immobilité, une totale fusion entre la décision, le vouloir, l' « éprouvé ». Priorité aux sens. Le but : « une harmonie essentielle[19] ». Ce que d'innombrables témoignages tendent à répéter. Celui du surfeur des vagues par exemple et ses ambitions harmoniques :
« Je change avec l'imagerie interne : je sens la vague, je fais corps avec elle – je sens mes appuis sur la planche – je sens la glisse et l'énergie de la vague – je vois les sections qui s'ouvrent devant moi et je ressens d'instinct la manœuvre à effectuer – je ressens mes muscles qui s'activent puis se relâchent pendant la manœuvre – je ressens mon maintien d'équilibre défiant la gravité et jouant avec la vague – je sens que ma manœuvre a parfaitement anticipé le déferlement de la vague – je

ressens une excitation agréable – j'ai un sentiment de puissance et de confiance[20] ».

Le repère de l'intériorité, l'exigence d'attention qu'il représente, le plaisir de sensation qu'il procure, est devenu un critère premier. Le corps sportif est celui qui est, comme jamais, contrôlé.

Loin du consensus plaidant pour un modèle « unifié », le corps du sportif présente ainsi toutes les versions possibles. Aucune unité dans les apparences comme dans les qualités attendues. Le corps du sportif est aussi divers que le sont les individus. Les pratiques elles-mêmes sont aussi diverses que le sont les cultures, les milieux. Une exigence en revanche domine, devenue aussi centrale qu'objet de vérification et de travail. Cette exigence est celle du « contrôle moteur », celle de la maîtrise des sensations et des effets. Le corps sportif s'impose dès lors plus par son intériorité que par son extériorité.

---

1. Voir le site « Vive le sport », http://www.vive-le-sport.fr/fitness/6-astuces-pour-obtenir-un-corps-athletique-et-muscle-2934.html
2. F. Rabelais, *Gargantua* (1534), *Œuvres complètes*, Paris, Gallimard, Bibliothèque de la Pléiade, 1955, p. 95.
3. *Ib.*, p. 49. Un aulne vaut 1m20, selon le décret de mars 1812.
4. Buffon, G.-L. Leclerc, comte de, *Histoire naturelle de l'homme* (1750), *Œuvres complètes*, Paris, 1836, T. IV, p. 100.
5. A. Amar Durivier, L. F. Jauffret, *La Gymnastique de la jeunesse,* Paris, 1803, p. 59.
6. *Ib.*, p. 64.
7. G. Depping, *Merveilles de la force et de l'adresse*, Paris, 1868, Voir « Course et coureurs », p. 168.
8. Voir F. Lagrange, *Physiologie des exercices du corps*, Paris, 1888, p. 232.
9. Voir, *Ib*. Fernand Lagrange est un des premiers à tenter une « physiologie du sport ».
10. *Ib.*, p. 231.
11. C. Pociello, *Le Rugby ou la Guerre des styles*, Paris, A. Métaillé, 1983.
12. Voir PSG.fr, interview 28 août 2013.
13. Voir La Provence.com, 24 mars 2013
14. « Armirail court après ses sensations », *Le Parisien*, 23 juin 2016.
15. CorridaFrance, 1er juin 2013.
16. K. Tokitsu, *Méthodes des arts martiaux à mains nues*, Paris, Robert Laffont, 1987, p. 30.
17. O. Garcia, *La surf aptitude, guide de préparation mentale*, Biarritz, Atlantica, 2011, p. 47.
18. P. Balmain, *La glisse intérieure*, Paris, Le soufflé d'air, 2000, p. 65.
19. J. Syer, C. Connolly, *La préparation psychique du sportif, le mental pour gagner*, Paris, Robert Laffont, 1988 (1re éd. 1984). Voir la quatrième page de couverture. Voir aussi le titre américain : *The Sporting Bodymind*.
20. O. Garcia, *op. cit.*, p. 49.

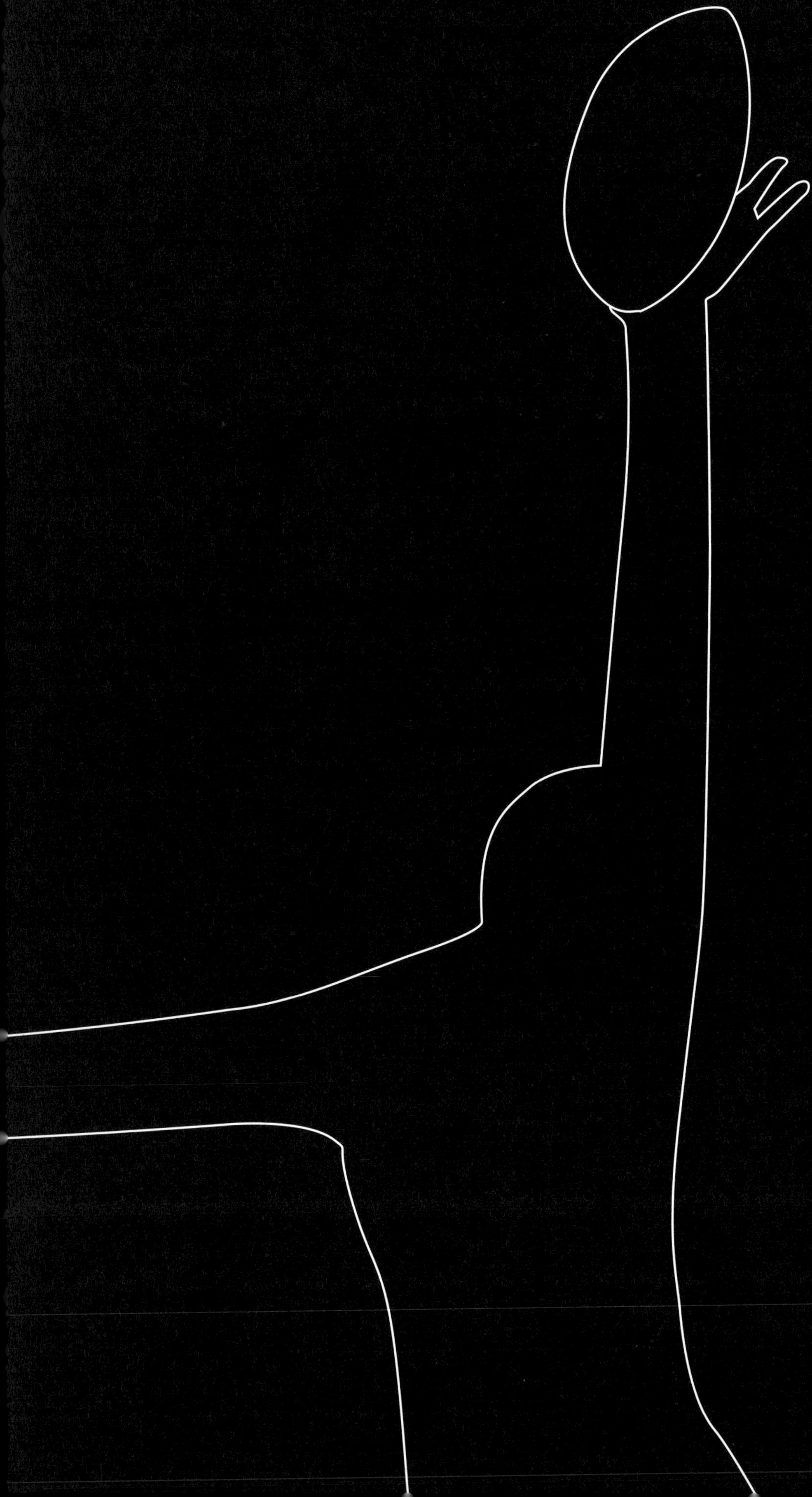

RUGBY

5

RUGBY, LA TOUCHE ET LE GESTE DU DANSEUR

Les gestes du rugby obéissent aux règles innombrables de ce jeu, apparemment sauvage mais d'une extrême sophistication, où le ballon ne peut aller de l'avant qu'en étant sans cesse envoyé en arrière. Mais il y a mieux : la touche. Un petit chef-d'œuvre de geste collectif, entre architecture, échecs et danse. Le lanceur patiente. Les joueurs entrent dans un ballet mécanique où ils ne cessent d'échanger leur position dans la ligne. Puis le mouvement se fige. Un homme s'élève, soulevé par des « lifteurs ». La pyramide puissante et fragile à la fois culmine à plus de trois mètres. Les bras se tendent. Le ballon est capté tout en haut de cette tour éphémère. Auparavant prohibé, l'ascenseur a intégré la touche moderne depuis 1997, après accord de l'instance internationale du rugby. Car c'est le génie de ce jeu éminemment démocratique que d'organiser une forme de parlementarisme autour des règles. Plutôt que d'interdire, le world rugby, après consultation des joueurs et des arbitres, a élaboré de nouvelles règles, engendrant ainsi cette chorégraphie de « joueurs portés ».

T.G.

Charlie Ewels, Dylan Cretin
Tournoi des Six Nations - Angleterre vs France, 2021

Il y a dans le rugby des phases de jeu spectaculaires. La mêlée, naturellement, qui est un geste collectif extraordinairement concerté et stratégique ; mais aussi et surtout la touche. Aujourd'hui, la touche est devenue un spectacle, aussi magnifique qu'énigmatique, tenant autant du jeu d'échecs avec ses positions que du ballet avec ses déplacements. Cette véritable chorégraphie compose un ballet de corps qui se déplacent le long de la ligne de lancer, faisant mine de sauter, se dérobant, échangeant rapidement les positions. La conquête aérienne du ballon de rugby est dominée, dans ce ballet mécanique, par un geste majestueux, celui du lift, cousin direct du « porté » du danseur à bien des égards. Une fois la balle lancée, d'ordinaire par le talonneur, le « sauteur » est chargé de capter le ballon. Avec la nouvelle réglementation, le sauteur, souvent équipé des grips sur le short et des cales au-dessus des genoux pour faciliter le travail de ses coéquipiers, est flanqué devant et derrière lui de « lifteurs ». En général, des piliers et des deuxièmes ou troisièmes lignes. Le lifteur avant, plus petit, saisit le sauteur aux genoux et le maintient le plus haut possible, le lifteur arrière le saisit au niveau du short sous le pli fessier. C'est ainsi cette pyramide à trois corps qui donne à la touche son mouvement presque céleste. Il n'y a pas moins de grâce dans le porté du danseur que dans celui du rugbyman. Juste une différence de densité. Les deux gestes supposent également une parfaite coordination entre les porteurs et les portés. Comment ne pas être frappé par l'élégance d'un portage de touche au rugby où l'on voit des athlètes s'élever haut dans les airs, comme arrachés à la gangue de corps lourds, et s'envoler comme aspirés par un ballon qui passe ? La touche devient œuvre d'art.

Pour comprendre ce ballet – et son geste roi qu'est le lift –, il convient de faire un peu d'histoire. C'est en 1846 que sont fixées, au cours d'un long processus, les premières lois du football-rugby joué à l'École de Rugby, puis dans toute l'Angleterre. Tous les gestes, toutes les phases de jeu sont ainsi détaillés au fil des 37 articles qui règlent le jeu. L'originalité du processus tient au fait que ces règles sont élaborées en étroite collaboration avec les premiers joueurs. Cette caractéristique « parlementaire » de la règle au rugby (à rebours de ce qui se passe dans le football) est importante car elle explique en partie l'évolution de la touche. Même si elle n'est pas directement concernée par la rédaction d'une loi, la touche enregistre au cours du temps des évolutions notables. Jusqu'en 1997, ainsi, les joueurs n'ont pas le droit de prendre appui les uns sur les autres pour capter la balle dans les airs. Toutefois, sur les stades, les joueurs transgressent progressivement cette loi et ébauchent des « lifts ». Les arbitres – conformément au caractère négocié des règles du rugby – vont alors prendre en considération cette évolution du jeu, et pencher, non pour la sanction, mais pour l'intégration de ces nouveaux gestes dans la fabrique de la touche. C'est ainsi que l'on va autoriser le « lift » ou « ascenseur ». Cette innovation, dans ce geste très technique de « porté » de joueurs, aura considérablement enrichi le vocabulaire du rugby.

T.G.

Germain Louvet, Hannah O'Neill
Le Porté en danse, 2022

Dero
L'Ovale au vol, 1970

Robert Decremps appartient à cette catégorie de « peintres sportifs », peu célébrés, qui se sont emparés du sport non comme la matière d'une recherche plastique, mais plus humblement comme le témoin d'un monde, avec ses valeurs, ses couleurs, ses rituels… L'art ici célèbre la beauté et les gestes propres aux diverses disciplines, individuelles ou collectives. Parmi eux, Dero, pseudonyme de Robert Decremps, occupe une place à part. Doté d'un talent précoce pour le dessin, il est rapidement engagé en 1948 par Jacques Goddet, le mythique patron du journal *L'Auto* – qui devient *L'Équipe* après-guerre. Il prend sa place aux côtés d'autres dessinateurs et caricaturistes historiques du journal – Siro et Bill notamment. Quarante ans durant, il croque les sportifs, de Suzanne Lenglen, avec son profil coupant et sa grâce de danseuse, à Poulidor, auquel il consacre près de 300 caricatures… Dero est un généraliste qui s'intéresse à tous les sports. Il développe, parallèlement à sa carrière de caricaturiste, une œuvre de peintre sportif. Car le sport constitue un genre particulier dans les arts. Chez Dero, le travail se concentre sur le corps sportif, saisi en pleine action. C'est toujours un petit drame auquel s'attache l'artiste. Le basketteur au moment d'un dribble, le skieur au moment de franchir le piquet dans un slalom, le cavalier et son cheval au-dessus de l'obstacle, le lanceur de poids ratatiné sur lui avant de se détendre comme un ressort… Avec cette pièce, Dero choisit de faire une composition collective autour de la touche de rugby. Mais la touche version années soixante-dix, sans possibilité de « lift ». Les joueurs sautent seuls, sans être aidés et composent ainsi cette pyramide bicolore que Dero restitue dans ce vol, cette effusion de rouge et de blanc. T.G.

Édouard Levé, artiste et écrivain, s'est pendu le 17 octobre 2007 (jour de l'ouverture de la FIAC !), à l'âge de 42 ans. Il n'a cessé d'aller et venir entre l'écriture et la photographie, dans une sorte de continuité élégante. Esprit dandy, au destin de météorite dans le ciel de l'art contemporain, il n'a peut-être jamais mieux souligné la coïncidence de l'écrit et de l'image que par un texte, *Œuvres* (2002), publié comme ses autres écrits aux éditions POL, où il entreprenait de décrire les 533 œuvres d'art dont il avait eu l'idée mais qu'il n'avait pas réalisées. Sans doute ce vaste réservoir d'images potentielles marque-t-elle sa démarche d'une dimension conceptuelle qui, toutefois, ne l'épuise pas. Loin de se cantonner à l'austérité d'une démarche typique de l'art conceptuel, l'œuvre d'Édouard Levé relève aussi d'une entreprise loufoque et peut-être désespérée. N'avait-il pas conçu le projet de photographier les villes homonymes aux États-Unis – Bagdad, Rome, Amsterdam... ou encore de faire une série *Portraits d'homonymes*, individus vivants portant le nom d'artistes ou d'écrivains morts – Eugène Delacroix, Yves Klein, Georges Bataille, Henri Michaux... Toujours le rapport entre « les mots et les choses ». Peut-être pour en explorer les dysfonctionnements, s'amuser de ses faux-semblants, des écarts. Ni pour l'un ni pour l'autre, entre les deux, Édouard Levé développe, comme en témoigne son ami romancier, Bruno Gibert dans *Les Forçats*, « un goût absolu pour le neutre », c'est-à-dire cette catégorie qui, chez Barthes, fonde une politique de l'existence. Toute sa production, littéraire comme plastique, en témoigne, refusant d'enfermer le sens, d'une vie comme d'une œuvre, dans une forme définitive ou dans des identités stables. Sans doute est-ce pour cette raison que son *Autoportrait* ne procède pas d'une construction élaborée, mais se livre sous la forme d'une suite indifférente de 1 600 phrases célibataires, éclats instantanés et détachés d'un moi qu'il ne célèbre pas. Sous l'intitulé *Reconstitutions*, l'artiste développe par ailleurs des séries de scènes photographiques qui ont en commun de ne pas être créées, mais seulement *reconstituées*, comme si l'artiste n'avait qu'à reprendre, réarranger un matériau donné, excluant ainsi la représentation stéréotypée de l'artiste en génie créateur. Plus modeste, l'entreprise artistique se limite donc à faire du vrai avec du faux, et à remettre en scène ce qui un jour eut lieu...

Édouard Levé
Rugby, Sans titre, 2003

La série *Rugby* appartient aux nombreuses « Reconstitutions » d'Édouard Levé. Le genre de la « reconstitution » n'est pas nouveau en photographie. Il en a même marqué l'histoire. Le cliché de Joe Rosenthal, en février 1945, *Élévation du drapeau sur Iwo Jima* – qui a lui-même enclenché sur des « reconstitutions » dans des stades de la photo par leur héros ! – ou encore celui d'Evgueni Khaldeï en mai 1945, *Le Drapeau rouge sur le Reichstag,* ont tous deux été accusés ou convaincus d'avoir été l'objet de mises en scène, et même retouchés dans le cas russe. Ces clichés, à fins de propagande, compensent le manque d'images pour témoigner d'un évènement. Les reconstitutions de Levé ne prospèrent pas, elles, sur l'absence, mais au contraire sur la surabondance d'images. La série *Rugby*, comme les autres (*Rêves*, *Pornographie*, *Quotidien*) s'approvisionne dans les vastes gisements photographiques de la presse. C'est à partir de ce flux ininterrompu d'images, ainsi à disposition, qu'Édouard Levé a construit son œuvre. « En photographie, je prends un sujet concret, que je traite en le reconstituant de manière abstraite. C'est une abstraction descriptive : en simplifiant l'image, je la rends ultra lisible. Je gomme tout ce qui dépasse, pour obtenir une forme aussi simple que possible. Jusqu'à un certain point, je postule que moins l'auteur en dit, plus le lecteur imagine », déclarait en 2003 l'artiste dans un entretien au site Parisart.com. Au-delà, la reconstitution telle que la conçoit l'artiste interroge notre rapport aux images. En prélevant un cliché dans le flux – souvent celui du journal *Midi Olympique* pour *Rugby* –, l'artiste en interrompt soudain l'écoulement pour forcer notre œil à s'arrêter sur une scène, à prendre le temps de la regarder pour redonner peut-être à l'image son pouvoir. Les œuvres présentées ici isolent deux gestes, parties prenantes de la grammaire fondamentale du rugby. Le « raffut » consiste pour un joueur, ballon au corps, à écarter du bras libre l'adversaire qui se met en travers de la course ; la « mêlée », phase de jeu, correspond, elle, à un geste collectif, très codifié et procédural. Chaque mêlée suppose la confrontation, mais aussi la collaboration des deux équipes pour être réussie. Chacune des œuvres distille un malaise. A quel jeu jouent ces gens, aux faces sans expression, habillés en costume de ville, au milieu d'un décor neutre ? Le geste, ainsi arraché à son terrain ordinaire, délié des enjeux propres au match, paraît décrire une phase d'une étrange liturgie. Peut-être ces *Reconstitutions* révèlent-elles, autant que la beauté sculpturale de la gestuelle au rugby, la dimension rituelle, oubliée, de nos jeux de ballon ?

T.G.

Édouard Levé
Rugby, Sans titre, 2003

André Lhote
Les Joueurs de rugby, 1920

Constructivisme, futurisme, cubisme, autant d'avant-gardes qui comprennent que le sport fournit une matière et un spectacle, susceptibles de nourrir les expérimentations esthétiques les plus audacieuses sur le mouvement. Le cinéma vient d'apparaître, lié indissociablement au sport et à l'étude du corps sportif à travers la chronophotographie. Jusqu'aux années vingt, André Lhote, inspiré pendant ses années de formation par Gauguin et Cézanne, découvre les nouveaux sports de ballon qui, importés d'Angleterre, comme le football et le rugby, suscitent à la Belle Époque et durant la Première Guerre, un considérable engouement. Pour le coloriste qu'il est d'abord, les maillots des joueurs, leurs dessins, marqués par l'imagerie héraldique, le spectacle qu'offrent les équipes, ce nouveau monde d'émotions retient son attention. Ce dessin, conservé au Musée National du Sport à Nice, s'ajoute aux très nombreuses représentations de phases de jeu au rugby qu'il réalise alors. Lhote ne cache pas son enthousiasme. Sans doute suit-il le chemin ouvert par ses contemporains, pionniers, Robert Delaunay (*L'Équipe de Cardiff*, 1913) et par Albert Gleizes (*Les Joueurs de football*, 1912-1913), très tôt convaincus de tenir avec ces sports, un sujet d'étude stimulant pour des recherches plastiques. Lhote accumule alors de nombreuses études, dessins, huiles sur toile, notamment *Rugby* (1918), conservée au centre Pompidou. Cubiste, mais classique dans le rendu, le peintre reste inhibé dans l'expérimentation à laquelle encourage l'avant-garde artistique. A l'image de cette œuvre, qui concentre le regard sur un groupe. Cinq personnages, un arbitre (avec le maillot rayé) et quatre joueurs, regroupés au centre, courent lors d'un match. Les deux équipes portent un maillot (dont l'un en damier, encourageant au géométrisme de la représentation), aux couleurs pastel sur fond de ciel aux nuages gris, rose, bleu et jaune. Le paysage, à peine esquissé, paraît maçonner dans le lointain un mur, témoin de l'enclos du stade. Pas de pelouse, juste des joueurs, saisis en mouvement, enchevêtrés, certains en l'air, d'autres dans leur course. Le schématisme des corps et des visages ouvre le chemin de l'abstraction.

T.G.

André Lhote
Rugby, 1917

Pierre Doutreleau découvre à vingt ans, en 1958, la série de Nicolas de Staël sur le football, souvenir d'une illumination d'un soir de 1952, lors du match France-Suède. Certaines toiles de la série seront d'ailleurs intitulées d'après le nom du stade, *Parc des Princes*. La plastique d'un stade, ses lumières, le vert de la pelouse, le mouvement, l'abstraction colorée qui incarne les joueurs, simples taches sur la toile, inspirent à Pierre Doutreleau le désir de peindre. Cette œuvre, *Twickenham*, dans son format imposant et son traitement, constitue sans doute un hommage à Nicolas de Staël. Une sorte de réponse, dans la figure de ce double du parc des Princes, au moment d'une rencontre (mais dont l'identité des protagonistes n'est pas précisée). Également lieu de mémoire nationale, mais cette fois du rugby, le *Twickenham* de Doutreleau est une des rares représentations de ce stade mythique, forteresse du XV anglais, du XV de la Rose. Le stade londonien, construit en 1907, accompagne l'histoire du rugby anglais. Il fait partie de la mythologie européenne de ce sport. Dans cette toile, où l'on voit une action de la ligne d'avants, Pierre Doutreleau met en scène le spectacle sportif tel que le média télévisuel le cadre alors. T.G.

Pierre Doutreleau
Twickenham, 1970

Cette statuette, propriété au début du XXe siècle d'un grand collectionneur new-yorkais, est un objet de terre cuite avec rehauts de cinabre rouge et stuc blanc. Elle est typique de la culture Teotihuacan, nom éponyme d'un des sites précolombiens majeurs (distant d'une quarantaine de kilomètres de Mexico) et où s'étendent les vestiges d'une colossale cité, avec ses deux pyramides du soleil et de la lune. Cette civilisation Teotihuacan rayonnait dans toute la Mésoamérique, jusqu'à Veracruz, particulièrement entre 200 et 650 après J.-C. Elle est connue notamment pour ses nombreux masques en pierre. La figurine présentée ici est remarquable à plusieurs titres, mais d'abord par son visage particulièrement expressif. Couronné d'une guirlande de fleurs, le personnage est saisi dans une posture hiératique probablement associée au caractère religieux de l'objet. L'énigmatique position des mains, rien moins que naturelle, suggèrerait un geste liturgique. Le personnage est vêtu d'un pagne, sa poitrine est barrée en travers d'un curieux coussinet sur le côté gauche. Est-ce un objet dont s'équipaient les joueurs lors des jeux de balle précolombiens ? Ces jeux, dans les civilisations préhispaniques, avaient des fonctions sur lesquelles l'archéologie n'a pas complètement tranché. Les premières descriptions dont on dispose, rédigées par des missionnaires espagnols au XVIe siècle, font état de sacrifices humains. Ces récits, vagues et contradictoires, suggèrent que les joueurs, vainqueurs ou vaincus, étaient parfois sacrifiés au terme de la partie. Ce que confirme la découverte de restes humains sur des terrains de jeu. Sans que l'on puisse être sûr qu'il s'agit de sacrifices ou de morts accidentelles – car ces compétitions, très violentes, pouvaient tuer. Les jeux de balle précolombiens se tenaient sur des terrains rectangulaires étroits, d'une centaine de mètres, en forme de I, installés quasi systématiquement dans des complexes cérémoniels, bordés de deux parois latérales, dans lesquelles étaient fichés, avec un tenon, des buts, « anneaux » de pierre circulaires. Ces jeux se jouaient avec une balle de caoutchouc massif aux extraordinaires propriétés rebondissantes – objet d'admiration des Européens, qui ne connaissaient que les balles conçues avec un vide central ou remplies de paille. Les joueurs devaient taper la balle de leur hanche, de leur fesse ou de leur poitrine. Compte tenu du poids de la balle (jusqu'à trois kilos), les joueurs étaient équipés de prothèses. Un pagne en cuir – pour la fesse –, un « joug » cuirassé à leur hanche et un « déflecteur », coussinet de cuir à la poitrine. C'est ce qu'arbore cette statuette qui représente probablement un « hancheballeur », couronné parce qu'il est vainqueur ou peut-être parce qu'il est promis au sacrifice, gage dans ces sociétés agricoles d'une récolte abondante. Cette statuette, avec ses mains hypertrophiées (interdites de jeu comme les pieds), illustre, dans les sports, la variabilité du corps instrumental. Mais il projette surtout, derrière tous les jeux de balle contemporains, grands-messes démocratiques, l'ombre portée très ancienne d'une relation du jeu avec les puissances invisibles dont il est, le temps d'une partie, la manifestation théâtralisée.

T.G.

Personnage à couronne de fleurs en position rituelle, 250 - 650 après J.-C.

Avec cette toile – conservée au Musée National du Sport à Nice – l'amateur de rugby qu'était Jean Deurveilher réalise une composition très éloquente sur la mêlée, cette phase de jeu, sophistiquée en dépit des apparences. Enlacement scapulaire des premières lignes et imbrication épaules-fesses, bras-cuisses pour former la mêlée : construire cette masse de chair et de muscles qui doit ne plus faire qu'une force agissante et dévastatrice, suppose un savoir-faire et une finesse de géomètre, capable de juger des appuis, des prises et de l'ancrage dans le terrain. Ce geste collectif requiert, malgré l'âpre confrontation physique, la collaboration des équipes. Il faut que les deux équipes « s'embrassent » correctement, sinon pas de mêlée. C'est le souvenir des solidarités paysannes, – celles des terroirs du Sud-Ouest – celles de paysans habitués à la rudesse de la glèbe, qui s'exprime. Sans doute inspiré par les jeux de couleurs géométriques de Delaunay, premier dans le siècle à avoir croqué un match de rugby (*Cardiff*, 1913), Jean Deurveilher célèbre la formidable poussée des corps, dans leur projection géométrique de longues diagonales structurant toute la toile. Les aplats de couleurs vives, bleus et orange, animés par les rayures des maillots aux bandes parallèles, achèvent de donner à cette mêlée un air de fête. T.G.

Jean Deurveilher
Rugby, 1975

FOOTBALL

Zinedine Zidane, Gianluigi Buffon
Coupe du Monde, 2006

PANENKA, GESTE-FARCE

L'angoisse du gardien de but et celle du tireur au moment du pénalty sont semblables, mais pas égales. S'il réussit à écarter le ballon, le gardien aura accompli une prouesse. S'il marque, le joueur n'aura fait que son devoir. L'un sera héros, l'autre juste un joueur. Le pénalty est la réduction du football à une épure. Un terrain vide contracté autour d'un but. Un contre un – comme un duel. Un tir et un seul, qui tient du pari. Compte tenu de la vitesse de la balle, le gardien doit décider, avant que le ballon ne soit frappé, de quel côté il plongera. Ordalie, c'est le ciel qui décide. Dans ces conditions, la panenka (du nom de son inventeur), le pénalty « en feuille morte », est le triomphe de l'esprit humain sur la loi divine. Une ruse de ce diable d'Antonin Panenka, qui, en 1976, au lieu de tirer, fait juste une passe. Mettre la balle là où est le gardien, pour le voir plonger là où la balle n'est pas. Geste-farce que réitéra Zidane en finale de la Coupe du monde 2006, contre l'Italie, avec un ballon qui tape sur la barre transversale...

T.G.

Antonín Panenka
Championnat d'Europe des Nations, 1976

Omar Victor Diop
Jean-Baptiste Belley, 2014

L'artiste sénégalais Omar Victor Diop, ancien analyste financier, s'inscrit, en s'en distinguant, dans l'héritage africain des grands photographes de studio que sont Malick Sidibé ou encore Seydou Keita... Dans la série *Diaspora* (2014), qui le fait remarquer d'abord aux Rencontres de Bamako en 2011, puis aux Rencontres d'Arles en 2015 notamment, le photographe autodidacte s'empare du genre de l'autoportrait, avec un goût prononcé pour la mise en scène et le déguisement historique. Tropisme qu'il avait déjà manifesté dans une série antérieure, *Re-Mixing Hollywood*, où il rejouait les scènes culte de films américains. Ce dialogue entre les différents arts visuels – photographie et cinéma, ou dans cette série *Diaspora*, photographie et peinture – nourrit son œuvre, la dotant d'une épaisseur propre aux œuvres chargées d'une vaste culture visuelle et aux nombreuses références. Cette esthétique savante s'alimente non seulement aux sources d'un art historique, du portrait des miniatures mogholes à celui de la Renaissance dont il reprend avec grâce les codes (chromatisme et pose), mais encore aux ressources actuelles de l'artisanat – grâce à la collaboration de maitres tailleurs sénégalais, à l'origine des costumes somptueux de cette œuvre. A travers cette série, l'artiste incarne douze figures historiques, mais oubliées, de la diaspora africaine, hommes éminents de la société africaine (mathématiciens, artistes, poètes, conseillers), qui vécurent au temps de l'esclavage, émigrés volontaires ou non, et qui quittèrent leur continent pour l'Europe entre le XVIe et le XIXe siècle. Qui se souvient en effet de Jean-Baptiste Belley (1746-1805), révolutionnaire français, membre de la Convention nationale et du Conseil des Cinq-Cents ? Ou encore de Dom Nicolau (1830-1860), prince du Kongo et premier leader africain à s'opposer par écrit à la politique coloniale ? Une manière de s'interroger sur notre rapport avec l'identité et ce qu'il en est lorsque nous voyageons « Qu'emportons-nous dans les compartiments capitonnés de nos valises sentimentales lorsque nous voyageons ? Quittons-nous vraiment les lieux d'où nous venons, les êtres qui nous sont chers ? ou plutôt, les emportons-nous avec nous, soigneusement emmitouflés, dans le velours de notre mémoire ? », expliquait Diop lors du Festival Planches contact de Deauville en 2022... En se mettant lui-même en scène dans les habits de ces notables du passé, il télescope ainsi, dans sa chair, le passé et le présent, comparant leurs diasporas respectives. Narrateur et acteur en costume de ce film de l'exil et de l'exode, il choisit, comme une sorte de marqueur des nouvelles migrations de jeunes prodiges en quête de gloire, le sport et en particulier, le football à travers ses accessoires, décalés et intrigants dans l'image – ballon, gants de goal, carton rouge, sifflet, chaussures à crampons... « Le football est pour moi un phénomène mondial intéressant ; il révèle souvent où en est la société en termes de race. Quand on regarde la manière dont la royauté du football africain est perçue en Europe, il y a un mélange très intéressant de gloire, de phénomènes d'héroïsation, et d'exclusion... c'est ce genre de paradoxe que j'investis dans ce travail », déclarait-il à la Fondation Louis Vuitton au moment de l'acquisition de cette pièce... T.G.

Omar Victor Diop
***Dom Nicolau*, 2014**

« J'allais au stade avec mon petit appareil polaroïd et une bouteille d'eau dans laquelle je mettais les négatifs pour qu'ils ne s'abiment pas. Là-bas, il y avait des centaines de photographes du monde entier, avec des appareils digitaux – c'était le début – et des téléobjectifs tellement impressionnants. Face à ces monstres, je ne faisais pas sérieux... Au début, j'ai eu du mal. Ils ne me laissaient pas m'assoir parmi eux. On était derrière les buts. Et moi, j'étais tout au fond, derrière. Et puis ils ont compris que le type au pola avec sa bouteille d'eau, publiait chaque jour une photo en ouverture de la section du cahier sur la Coupe du monde dans *Libération*. Ils ont commencé à s'intéresser à ce que je fabriquais. Et le mec au pola c'est celui qui faisait Kate Moss, et les stars du monde entier. Respect. Ils m'ont accepté. Et progressivement, l'original qui n'était pas appareillé est passé de la dernière rangée à la première place, la meilleure tout devant. Comme un hommage de la photographie digitale, industrielle, à l'artisanat du pola... »

« J'ai choisi le polaroïd, car ça fait partie de mes outils habituels. Je fais toujours des pola avant de passer à la prise de vue proprement dite. Je n'avais évidemment pas les appareils incroyables dont disposent les photographes sportifs durant cette compétition. Je travaillais avec ces pola avec négatifs récupérables. Je bougeais beaucoup en France. Un soir vers minuit, j'étais dans une ville de province. Il fallait que j'envoie mon cliché du jour. Le rédac en chef de la section, je l'avais toutes les deux minutes au bout du fil qui me disait « envoie, envoie ta photo ! On boucle. » Mais je ne pouvais que lui dire que, à cette heure, je ne pouvais pas lui envoyer un pola. Heureusement, à cette heure, j'ai trouvé un photographe étranger qui a accepté de scanner le pola et on l'a envoyé... à temps ».

« Eux ils shootaient en couleurs, au téléobjectif. Leurs images étaient déterminées par cet appareillage. Le point de vue était celui de ceux qui sont sur le terrain. Moi je publiais des images, en noir et blanc, avec un point de vue, en quelque sorte, de spectateur, plus ou moins éloigné. La Coupe du monde, ce n'était pas seulement les joueurs, mais les supporters, les lieux de cette ferveur footballistique – je me souviens notamment d'un soir dans un bar avec des Anglais, ou encore de la ferveur des gens sur des places de mairies devant de grands écrans... »

« Le pola, c'est assez rustique. On prend une photo. Ça prend du temps pour sortir la photo. C'est du un par un. Un fusil à un coup. Les autres, avec leurs appareils à moteur, ils mitraillaient. La probabilité pour moi de saisir un « moment » décisif, glorieux d'un match était quasi nulle. Et pourtant, le jour de la finale France-Brésil au Stade de France, je ne sais pourquoi, comment, sans doute un miracle, mais j'ai fait le polaroïd de la tête de Zidane quand il marque le premier but de l'équipe de France ! »

« Ces polaroïds étaient de format horizontal. Tout le contraire de ce que je fais d'habitude – en hauteur. Mais ça donnait un côté cinémascope au pola. La Coupe du monde devenait un film ». T.G.

Paolo Roversi
Coupe du monde 1998

Ville de LENS
JVC

JVC
OPEL

Ville de LENS
JVC

FUJIFILM
SNICKERS

1

L'image et le sport ont partie liée. L'un et l'autre ont été engendrés au XIXe siècle par la révolution industrielle. Caricature, estampe, photographie et sport, tel que l'Angleterre, en l'arrachant à la sphère du simple loisir, le codifie, le règlemente et l'organise. Le couple va vivre ainsi une histoire riche, d'un côté amplifiée par la presse, et de l'autre sublimée par l'art. L'œuvre de Bernard Rancillac, *La Coupe du monde déborde* (1978), illustre la manière dont un courant artistique – la Figuration narrative – s'est emparé du thème sportif dans le dernier tiers du XXe siècle. Les avant-gardes esthétiques du début du XXe avaient commencé par trouver dans le corps sportif, le terrain idéal de leurs recherches sur les représentations du mouvement, de l'énergie et de la vitesse. Notamment les futuristes, comme le peintre Umberto Boccioni avec sa série de toiles intitulées *Dynamisme du cycliste, du footballeur* qui, toutes, explorent les outils plastiques – formes et couleurs – propres à restituer le mouvement. Les années trente transforment profondément le rapport au sport. Les totalitarismes instrumentalisent les grands évènements sportifs à des fins de propagande – notamment au moment des JO de Berlin de 1936. Le sport, compromis alors avec les projets politiques (et jusqu'aux nageuses est-allemandes, ou au prodige roumain Nadia Comaneci), va souffrir d'un soupçon durable. La génération des artistes des années soixante, et tout particulièrement le groupe de la Figuration narrative, emmené par Rancillac, nourrit une vision critique de la société. Même s'il a toujours contesté l'image d'artiste engagé, Rancillac signe pourtant plusieurs œuvres iconiques de l'engagement. Notamment la très célèbre sérigraphie *Nous sommes tous des juifs et des Allemands,* dominée par la tête réjouie de Daniel Cohn-Bendit défiant un CRS. Créée par Rancillac en mai 1968 dans les ateliers de gravure de l'École des beaux-arts, cette estampe, par sa force expressive, la manière dont elle agence l'image au pochoir et le graphisme du slogan, constitue le modèle d'un art engagé.

Dans l'œuvre *La Coupe du monde déborde,* Rancillac mobilise savamment l'histoire de l'art pour construire et faire passer un message politique. Le jeu de mots de l'intitulé, à la manière des blagues du peintre surréaliste Magritte, installe un climat de dérision. La Coupe du monde, nouvel opium du peuple, n'est pas un évènement qu'il faut prendre au sérieux. Mais elle « déborde ». Peut-être d'indignation. En effet, la toile affiche au moment de la Coupe du monde de football, organisée par l'Argentine, la détestation de la dictature de Videla. L'œuvre, reprise d'une photo de presse, représente un attaquant, poussant sur la pelouse un ballon, qui se révèle être une tête de mort ! Le foot joue donc avec les morts ! Cette vision macabre se nourrit sans doute également de l'image, persistante alors dans les esprits, du « stade » transformé en prison à ciel ouvert pour des milliers d'opposants, lors du coup d'État de Pinochet en 1973 au Chili. Pour toujours, cette image jetterait l'opprobre sur le sport et sur son lieu majeur. Pour Rancillac, par ailleurs, le crâne osseux n'est pas un motif indifférent. Il est le signe par excellence, dans la peinture classique, de la « vanité », c'est-à-dire d'une image qui dénonce la futilité de la vie humaine, rapportée à l'inéluctable de la condition de mortel.

T.G.

Bernard Rancillac
La Coupe du Monde déborde, 1978

Parmi de nombreuses autres récompenses, *Timbuktu*, le film du réalisateur mauritanien, Abderrahmane Sissako, a été couronné par l'Oscar du meilleur film étranger en 2015. Écho des évènements réels qui ont vu les islamistes prendre le contrôle de Tombouctou au Mali en 2012, le film raconte la manière dont un groupe d'islamistes s'empare de la ville et impose un régime strict de charia. La vie quotidienne en est dramatiquement transformée. Les musiciens ne peuvent plus jouer et doivent cacher leurs instruments. Entre autres interdictions, les habitants sont empêchés de fumer. Tout ce qui relève du divertissement, du simple bonheur de vivre, est frappé alors d'une interdiction absolue. Mais il est une interdiction, particulièrement spectaculaire, parce qu'elle touche le jeu par excellence, le football. Dans une salle de tribunal islamique, un adulte, l'entraineur de l'équipe, est condamné à recevoir vingt coups de fouet pour avoir fait prospérer cette pratique « impure ». La scène qui suit montre alors, sur le terrain vague poussiéreux qui leur sert de stade, des jeunes disputer un match. Faute de ballon, confisqué par les islamistes, les enfants jouent au foot sans ballon ! Un joueur vient placer une balle invisible au point de pénalty, un âne passe nonchalamment devant les buts. Le tireur ajuste son tir. Le jeu reprend. Il y a des passes, des appels, des tacles. Un enfant, au maillot floqué du nom de Messi, fonce vers les buts adverses et marque, déclenchant une explosion de joie pour un but qui n'existait que dans l'esprit. Le football y apparait orphelin de l'objet « balle », mais pas de signification. C'est comme si tous les gestes du football, si anodins en d'autres circonstances, tournaient, par la grâce du cinéaste, en une sorte de manifestation « blanche » contre l'interdiction. Des gestes de résistance d'une grande force poétique...

T.G.

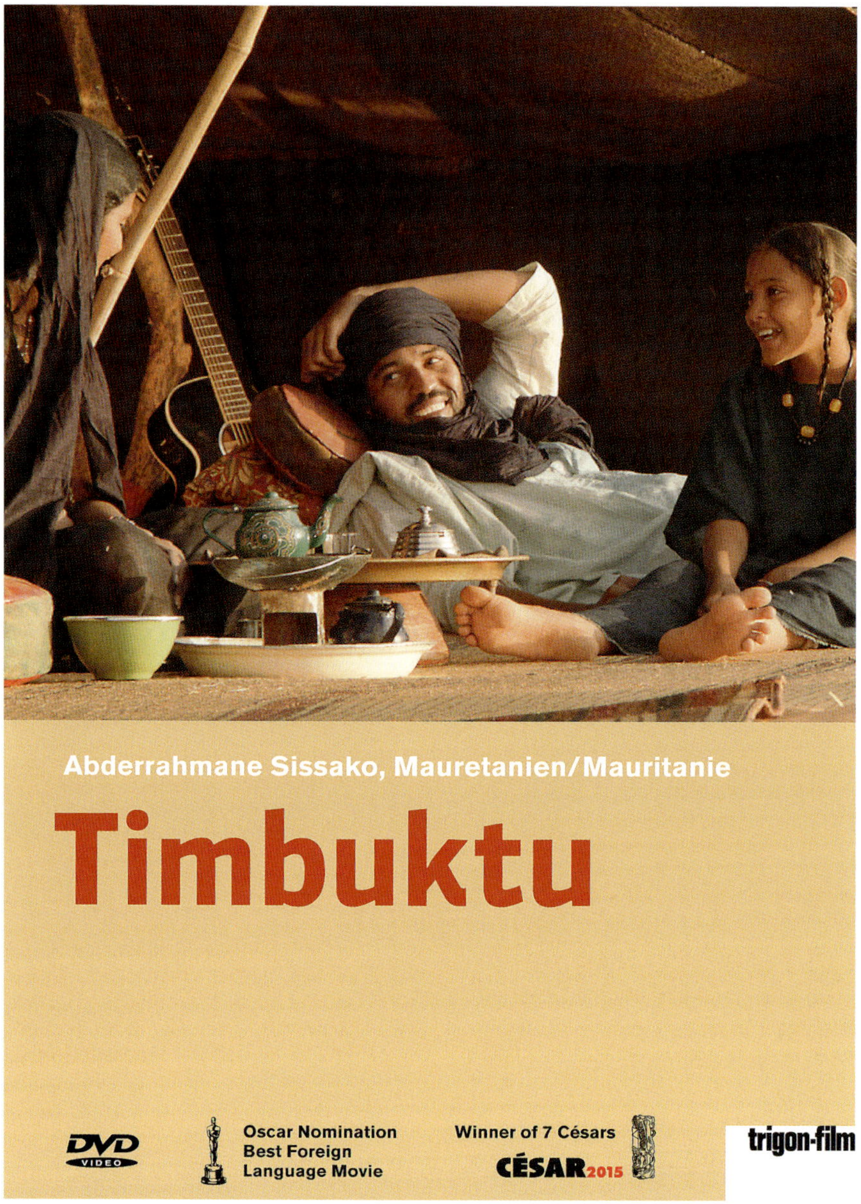

Abderrahmane Sissako
Timbuktu, 2014

Pierrick Sorin
Pierrick et Jean-Loup font du foot, 1994

Cette courte œuvre vidéo (2 minutes 30) de Pierrick Sorin appartient à une série de quatre « auto-filmages » produits dans les années 1990 par France Télévisions, pour l'émission de Bernard Rapp, *My télé is rich*. Ainsi à côté d'*Un samedi avec Jean-Loup*, *Jean-Loup et les jeux vidéo*, *Jean-Loup et Pierrick font de la musique*, dont les titres parodient les séries pour enfants construites autour d'un personnage (les *Martine*, etc.), l'artiste a imaginé cette saynète, tournée en accéléré, à la manière d'un film burlesque. Dans *Pierrick et Jean-Loup font du foot*, le couple d'amis jumeaux (joués par l'artiste), décide, après avoir vu un match à la télé, de « faire du foot ». Le récitant en voix off, Pierrick, déroule la chronique, à plat, de ce moment. Jean-Loup construit un but avec les outils du jardin – pelle, échelle, brouette – et se demande, ingénu, si ce n'est pas une sculpture. Ils jouent aux tirs au but – ce qui occasionne des « ralentis » moquant le langage télévisuel. Car au cœur de cette saynète, il y a un geste – le tir et son arrêt – qui justifie d'être magnifié par le ralenti. Les deux amis finissent par se disputer et, après s'être battus, partent chacun de son côté. Cette chronique de la bêtise ordinaire, incarnée par ces Bouvard et Pécuchet du foot, interroge naturellement le pouvoir de la télévision, le spectacle sportif et à travers eux, ce qui fait œuvre. Une accumulation d'outils de jardinage ? un plongeon de gardien ? ou encore la vidéo de ces aventures comiques ?

T.G.

COURSE

Atlanta 1996
3298
adidas

LA FOULÉE, GESTE AUX PIEDS AILÉS

Comme dans la langue, la foulée est cette unité minimale qui se développe en une longue phrase dans la course. Quelle qu'elle soit. Dans *Plaisirs des sports* (1925), Jean Prévost, le normalien sprinter, relit une course qu'il a perdue, comme un traceur africain, en la remontant à l'envers et en interprétant les insuffisances de telle ou telle foulée à travers les empreintes de ses chaussures. Toute course est une écriture. Le pied du coureur, lorsqu'il foule le sol, loin de s'y écraser, doit le frôler comme s'il fallait prendre soin de ne pas réveiller les esprits qui y dorment. Caresse de vent. La course aspire au ciel. Les petites ailettes aux pieds d'Hermès, dieu coureur porteur des messages, témoigne de ce lien. Les pas de l'homme qui court voudraient idéalement s'arracher à la gravité. La foulée compte pourtant sur la terre, au moins pour deux de ses trois temps : propulsion, (suspension), rebond. Cette mécanique horlogère coordonne le mouvement, engage le pied, la jambe, le corps, les bras et la tête. Et au-delà, l'esprit ! T.G.

Marie-José Pérec
Jeux Olympiques à Atlanta, demi-finale 200 m femmes, 1996

Dans cette œuvre, c'est la marche, non la course qui a été retenue. La marche, c'est le premier temps de la bipédie ; la course, le second. Homo erectus qui court, ne fait que fuir ou chasser. Pourquoi avoir choisi ces « marches » de Richard Long ? Elles transposent la mobilité humaine en une écriture des traces. Comme celles que laissent les animaux dans la savane et que savent lire les traqueurs. Ces trajectoires dans la nature prennent majoritairement la forme, rituelle pour les hommes, d'un cercle (parfois d'une spirale) et sont rendues par l'artiste dans des cartes, ou dans des diagrammes de mots. Cet agencement de mots – véritable calligramme –, ne forme pas de phrases. Peut-être que la marche, à rebours de la course, plus liée dans la foulée, introduit-elle à l'expérience du discontinu. Pas à pas, avancer. Toujours libre d'arrêter. Mais ces blocs de mots reconstituent abstraitement un paysage. Ils y inscrivent comme des glyphes sur la surface d'un mur, d'un carton blanc, la totalité hasardeuse de ce moment. Fragment d'autobiographie enchevêtrée au paysage. Grammaire générative des jambes qui écrit dans le paysage un fragment de la vie du bipède artiste, trace de son passage sur terre. Tout y figure, dans la forme d'un cadran horloger qui spatialise le temps et convertit le cheminement en une durée, avec ses drôles de stations. Tout s'y mêle sans hiérarchie, noms d'animaux rencontrés (une chouette blanche, un cerf), éléments géologiques (pierres rouges, gravier blanc), notations météorologiques (dans les nuages, le vent de face)... Ainsi cette marche devient-elle une course d'orientation voire peut-être de désorientation.

T.G.

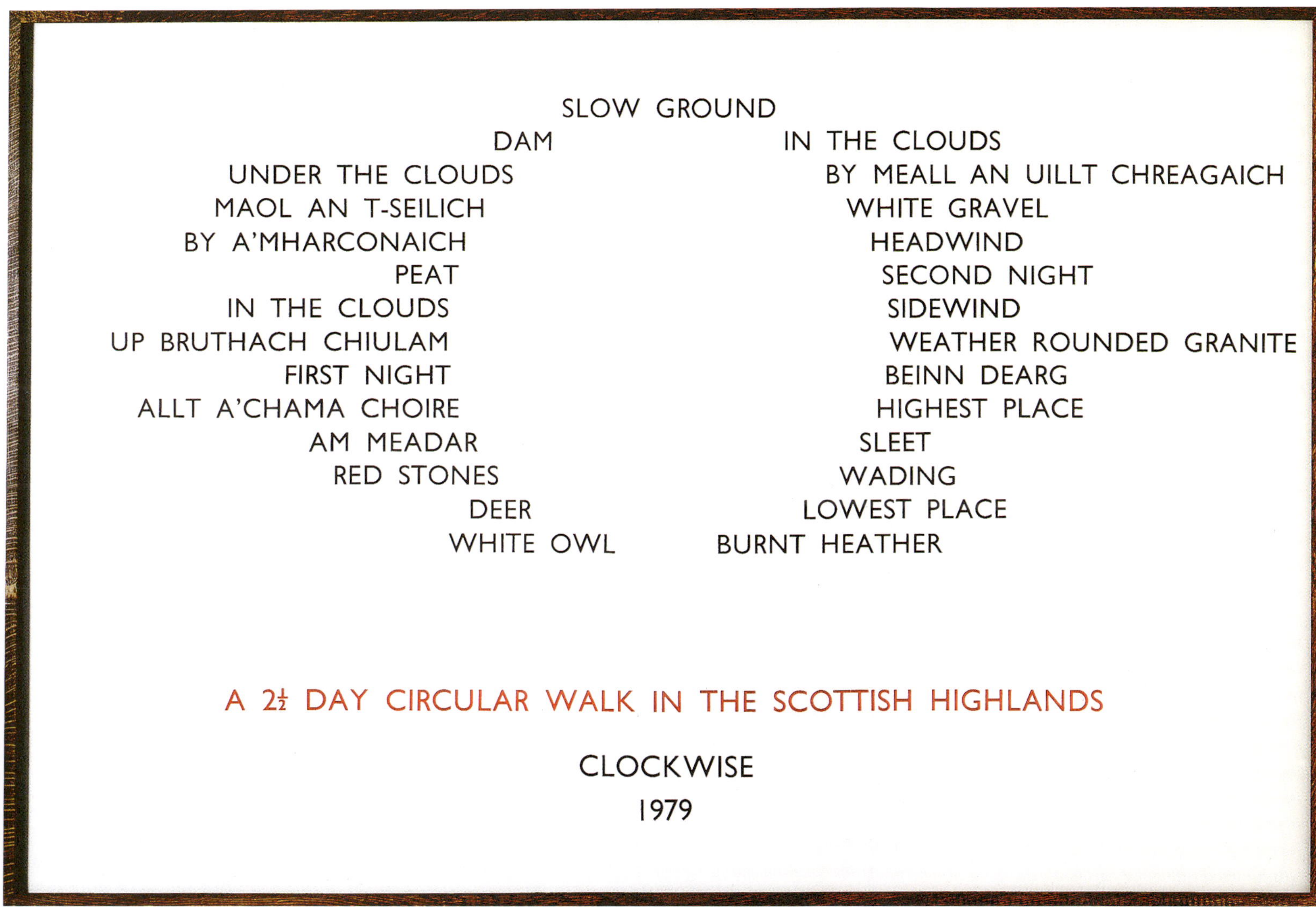

Richard Long
A 2 1 Day Circular Walk in the Scottish Highlands, Clockwise 1979, 1979

Le Musée National du Sport, où cette œuvre est conservée, a peu d'informations sur l'artiste. Est-ce dû à la période troublée où elle produit cette « arrivée » ? La toile met en scène quatre coureurs dans le geste terminal d'un sprint. Le buste en avant, les bras levés, la tête en arrière pour le vainqueur (à droite), le corps commençant à se désolidariser. L'artiste a su introduire, par de nombreux moyens, l'effet de vitesse : les traits de couleur rouge (la piste), les quatre cuisses montées haut des coureurs achevant de donner le sentiment de l'effort. La composition rigoureuse, avec cette géométrisation des corps, accentuée par les lignes austères des usines au fond, achève de donner à ces quatre foulées, un évident cachet de modernité. T.G.

Madeleine Théry
L'Arrivée, 1942

C'est sans doute parce qu'il a vécu, enfant, des expériences traumatisantes de la Seconde Guerre mondiale, dans sa Yougoslavie natale, mais l'univers que le peintre décrit, toile après toile, est rempli d'un peuple, hommes et animaux, en proie à la douleur. Les êtres qui traversent son monde sont à la fois d'une redoutable précision anatomique – muscles, tendons, articulations – et dans une forme d'indéfinition d'espèces, entre homme et animal, dans une sorte d'humanimalité, qui en fait juste des « figures », pas des personnages. Cette tension vers la figure, mais indéterminée, porte toute la réflexion esthétique de Velickovic, dans un après-guerre dominé par une interrogation sur la figuration. Est-ce l'effort terminal d'un être infernal semblant franchir la ligne (jaune) d'arrivée ? Cette entité, mi-homme mi-animal, paraît poursuivre elle-même une bête noire à longue queue de démon. De quelle course folle s'agit-il ? Décadrée, la figure, gargouille gothique à la face apparemment ensanglantée, paraît chuter vers le bas du tableau. Dans cet étrange espace vert sombre, la course a les allures crépusculaires d'une course au néant. T.G.

Vladimir Velickovic
Poursuite Fig. VII, 1984

■ Voilà donc la foulée, devenue mythique, de Jules Ladoumègue, diamant brut capté par les photographes de la prestigieuse École d'éducation physique de Joinville (devenue INSEP, fabrique de champions). Ladoumègue, aide-jardinier, est un des plus grands espoirs de la course à pied dans les années 1920, trop tôt retiré du circuit de la compétition amateur, parce qu'injustement soupçonné par la fédération d'athlétisme de l'époque d'avoir été rémunéré pour courir. Il domine pourtant la discipline. Dès lors, privé de compétiteurs en chair et en os (en particulier, il n'est pas autorisé à participer aux JO de 1932 où il était favori), il est contraint de courir contre le chronomètre. La frustration est immense. Aussi accepte-t-il de courir, à l'invitation des autorités de l'URSS, à Moscou, dans des stades bondés contre des champions soviétiques. Le modeste Jules suscite, ici comme en France, un incroyable enthousiasme qu'on a peine, aujourd'hui, à imaginer. C'est que la course est l'étendard – comme le vélo – du sport ouvrier. En 1935, une foule d'un demi-million de personnes, massée sur les Champs-Élysées, de la Porte Maillot à la Concorde, l'acclame aux cris de « Julot ». Symbole d'une nation, rassemblée alors autour de l'un des siens ! Longue, souple, élastique, sa foulée fait alors l'objet de la curiosité de scientifiques soviétiques, qui vont chercher, à l'aide de la science prolétarienne, à pénétrer le secret de sa performance. Témoignage émouvant de la ferveur que l'athlète inspire alors, ces images figent son mouvement dans les trois moments clés de la foulée – propulsion, suspension et rebond. T.G.

Service photographique de l'Ecole de Joinville
Foulées de Jules Ladoumègue sur le stade de la Faisanderie, 1927

« Je n'ai pas beaucoup peint le sport – même si je suis une nageuse acharnée, au point de passer mes étés dans un camp équipé de piscines olympiques ! Pourquoi n'ai-je fait que peu de toiles sportives ? C'est que le sport est un piège. On risque de tomber facilement dans l'illustration. C'est ce qui m'a dissuadée. Car je peins non pour représenter, mais pour dire quelque chose sur ce que je représente. Je n'ai que quelques trois ou quatre images de sportifs, dont deux récentes. En 2014, je me suis ainsi emparée de la figure de Michel Jazy, élégant champion de demi-fond, célèbre dans les années soixante. J'étais tombée sur une image de couverture d'un livre qui lui était consacré. La scène m'a inspirée. J'en ai tiré une toile de près de deux mètres, où l'athlète, à l'entraînement, longe un lac, avec sa foulée longue, jambe levée. »
Goldengirl, tableau de dimensions modestes, représente cette fois une femme athlète en train de disputer une course de vitesse – car, à la différence de la compétition d'endurance, elle est restée dans son couloir. Le chromatisme flamboyant de la toile, produit par l'utilisation de pigments fluo, ajoute à la scène quelque chose d'irréel. Qu'est-ce que cette toile presque abstraite, aux lignes géométriques, aux aplats de couleurs tranchés – piste et pelouse centrale ? Utopie négative, dépourvue de public, de bruit, de signes du spectacle sportif comme des dossards, des chronomètres, des logos de marques, etc. Et pourtant la crinière or de l'athlète, l'orangé de la piste, situent cette compétition dans une sorte de féérie. Sur la toile, l'abstraction et la figure rivalisent ainsi – peut-être est-ce même cette rivalité entre le figuratif et son absence, qui charge l'œuvre d'une énergie contradictoire. La course ramenée à cette figure perdue dans l'espace et solitaire, être miniature ne luttant contre personne sinon contre elle-même, a le coupant d'une allégorie. La femme-athlète est stoppée dans sa foulée à l'instant de l'image-arrêtée. Personnage étrange, la championne pourrait bien accueillir, dans le flou qui la nimbe, la projection de l'artiste, et pourquoi pas, constituer une sorte d'autoportrait en sprinter. Quoi qu'il en soit, elle incarne, dans l'absence de compétiteurs, une solitude paradoxale. Est-elle celle du champion absorbé dans l'effort, ou bien s'agit-il d'une solitude d'une nature plus existentielle ? C'est ce qui fait la singularité de la démarche de l'artiste que de savoir extraire des images ordinaires de la culture populaire, un contenu à la puissante force sémantique. Ainsi semble-t-elle nous dire que même la pensée la plus haute a vocation à se nicher au creux d'existences prosaïques. L'artiste a en effet braconné cette image dans un téléfilm américain, intitulé *Goldengirl*, tourné avec peu de moyens dans les années soixante-dix. Vue de haut, comme à travers l'optique d'un drone (ou l'œil d'un dieu), « cette peinture parle de la Barbie blonde américaine. Étant née aux États-Unis, j'ai grandi dans cette culture de la perfection et de la compétition. Il faut être la première, la meilleure – médaille d'or, *Goldengirl*. Mais cette jolie sprinter, toute petite dans un espace immense, est inaccessible. Impossible de voir son visage. Son mystère demeure. » Cette œuvre en forme de méditation portative – toute petite comme une de ces miniatures que les esthètes en voyage emportaient jadis avec eux – semble reconduire une interrogation universelle : pourquoi court-on ? Et vers quel but ? Sinon vers la chute, semble suggérer l'inclinaison du motif tout entier dans une sorte de glissement oblique, à la force d'attraction irrésistible…

T.G.

Nina Childress
Goldengirl, 2023

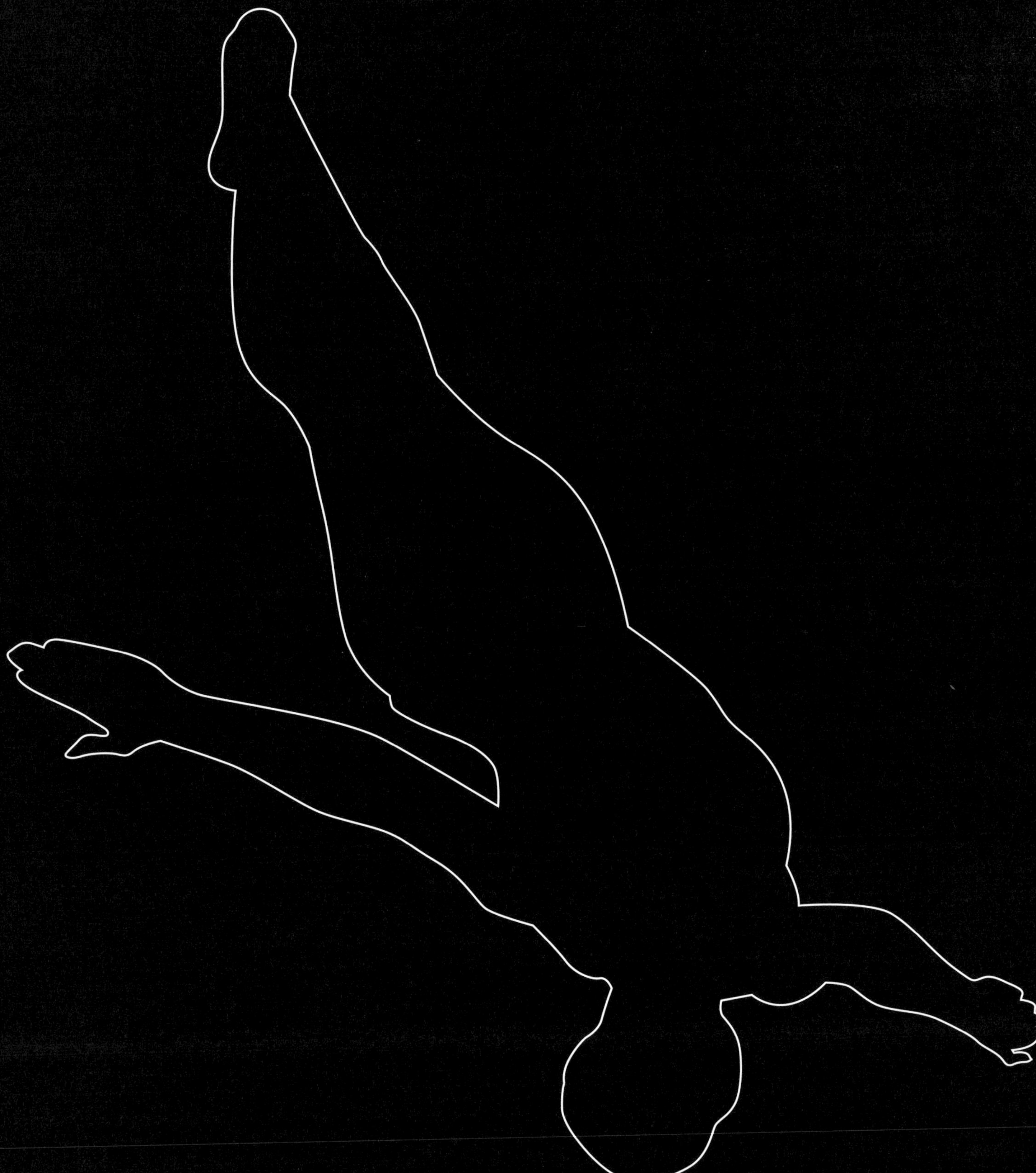

PLONGEON

Gary Hunt
Red Bull Cliff Diving Paris, 2022

PLONGEON, GESTE SÉRAPHIQUE

L'Angleterre et les pays scandinaves développent deux conceptions opposées du plongeon au XIXe siècle. Ici, c'est une pratique de nageur (c'est un pays à tradition maritime), là de gymnaste. Ici une expérience de l'eau (épreuve de distance nagée sous l'eau – le « diving » – ou même une épreuve de distance sous l'eau, sans aucun mouvement – le « plundging »), là, du vide, avec des sauts de haut vol depuis des plateformes à dix mètres. Ici, un spectacle lent – aussi fastidieux que le criquet –, là, un art acrobatique à couper le souffle. Ici, une performance qui se mesure (temps passé ou distance parcourue), là un jugement esthétique ouvert à l'évalution. Ces deux modèles alternent lors des Jeux olympiques du début de siècle – Paris 1900, Saint-Louis (USA) 1904, Londres 1908, Stockholm 1912. Londres en 1908 renonce définitivement au « plundging », le modèle nordique s'impose alors avec ce geste séraphique, le saut « suédois », plus connu aujourd'hui sous le nom de saut de l'ange…

T.G.

Allen Meany
Natation revanche Olympique, 1920

Cette fresque, découverte à la fin des années soixante, près de Paestum au sud de l'Italie, est un chef-d'œuvre de l'art funéraire. Sur la dalle de couverture du tombeau tourné vers l'intérieur, comme sur un écran en cinémascope avec son liseré, relevé aux quatre coins d'une plante aquatique, l'artiste a représenté, chose rare, une scène de plongeon. A destination des yeux du défunt, en quelque sorte ! L'image, épurée, fait partie d'une série de cinq caissons, illustrés de fresques. Deux scènes de banquets avec leurs convives allongés, une scène de libation et un cortège de trois personnages avançant au son d'une flûte. Sans doute dans ces représentations des plaisirs de l'existence – volupté, ivresse, jouissances – l'artiste grec exprime-t-il la mélancolie du défunt pour les moments heureux de sa vie. La mort, dans l'Antiquité, est renoncement, passage de la lumière du réel à la pénombre, au demi-jour du séjour des ombres. La fresque du plongeur, de loin la plus imposante des cinq, domine l'ensemble. Elle acquiert, par son schématisme formel, le statut de symbole. On y voit un homme, un athlète, plonger dans la mer, représentée par une simple bosse bleuâtre, à partir de colonnes que l'on aperçoit à droite. Le plongeur est figé dans l'air par l'artiste, pour toujours immobile, au cours de la phase finale d'un saut de l'ange, virgule brune, bras et jambes bien tendus, tête fixant résolument l'eau. Significativement le sexe du plongeur, protubérance dans un corps par ailleurs droit, semble promettre une réserve de vie, dans ce qui se donne comme une transition de la terre à la mer. Peut-être est-ce aussi, ajouté aux plaisirs évoqués dans les autres figures de la tombe, l'évocation de la sexualité, présente déjà dans les couples de convives. Quoi qu'il en soit, tout plongeon, par le simple fait de quitter la terre, n'est-il pas hanté par l'idée d'un voyage entre l'ici de l'existence et le là-bas de la mort ? C'est ce qu'exprime, parmi les premières représentations du plongeon, cette célèbre fresque du plongeur de Paestum. Dans ce contexte funéraire, ce plongeon figure la dimension rituelle de ce « passage » d'un monde à l'autre, de la terre à la mer, à la mort…

T.G.

Le Plongeur. Tombe du Plongeur (Reproduction), 480-470 av. J.-C.

André Steiner, photographe d'origine hongroise né avec le siècle en 1901, arrive à Paris, comme beaucoup d'autres artistes européens, en 1927. Attiré par cette ville cosmopolite qui porte haut l'exigence esthétique de la modernité. Moins célébré que ses compatriotes Brassaï ou André Kertész, André Steiner développe toutefois une œuvre riche en inventions et en expérimentations sur le corps en mouvement. Il est inspiré notamment, pendant quelques années avant leur séparation en 1938, par sa compagne, sa muse, Léa Sasson, dite Lily, au corps sculptural d'athlète. Steiner s'intéresse au corps sportif. C'est la piscine, lieu moderne d'exposition du corps en plein air, qui va alors susciter la curiosité de nombreux artistes des années trente, comme Jean Moral, Pierre Boucher et naturellement André Steiner. L'artiste témoigne ainsi, à travers ses images de plénitude physique, de cet « âge d'or » des piscines, favorisé en particulier par le Front populaire qui y voit l'emblème d'un espace utopique, lieu de mixité des corps masculins et féminins, et des classes sociales. Le sous-secrétaire d'État aux Sports Léo Lagrange dope à cette époque l'enthousiasme sportif pour le plongeon, en finançant alors trente-trois bassins couverts ! Les sports nautiques pour le plus grand nombre ! Dans ces mêmes années, les photographes bénéficient d'importantes innovations technologiques, libérant leur regard des contraintes techniques. Avec le petit appareil Leica et le rouleau de pellicule (135 images), ils vont s'engager dans de nombreuses expérimentations, renouvelant le langage plastique. C'est à la

André Steiner
Plongeon à la piscine Molitor, 1934

André Steiner
Plongeur à la piscine Molitor, 1934

piscine Molitor, construite en 1929 dans le style Art nouveau, qu'André Steiner pose le plus souvent ses appareils. Cet élégant établissement de bains d'avant-garde dispose d'un plongeoir où les uns et les autres paradent. Le plongeon, cette danse dans l'air, permet de sublimer les formes. Les corps athlétiques dénudés des plongeurs, le défi qu'ils représentent aux lois de la pesanteur, nourrissent une recherche esthétique féconde chez Steiner – vues en l'air, en plongée, en contre-plongée, en mouvement (comme ces jambes avalées par le bassin). Ce sont ainsi, au sens propre, des moments « suspendus », des instantanés, des éclats d'un nouvel Eden nautique que Steiner fixe sur la pellicule. Comme ces corps de plongeurs, aux peaux satinées et luisantes au soleil, comme ces éclaboussures d'eau, témoins des noces voluptueuses de l'eau et des chairs... T.G.

André Steiner
Jambes d'une plongeuse,
c. 1934

André Steiner
Jambes d'une plongeuse, 1934

Yves Klein fait paraître cette œuvre photographique dans un journal qu'il a inventé pour l'occasion, *Dimanche 27 novembre 1960, Le journal d'un seul jour.* A la manière d'un article, reprenant des propos de l'artiste, un texte commente ce curieux photomontage – plongeon ou envol, véritable plongeon en « saut de l'ange ». « Le monochrome qui est aussi champion de judo, ceinture noire 4e dan, s'entraîne régulièrement à la lévitation dynamique ! (avec ou sans filet, au risque de sa vie). Il prétend être en mesure d'aller rejoindre bientôt dans l'espace son œuvre préférée : une sculpture aérostatique composée de Mille et un Ballons bleus, qui, en 1957, s'enfuit de son exposition dans le ciel de Saint-Germain-des-Prés pour ne plus jamais revenir ! Libérer la sculpture du socle a été longtemps sa préoccupation ». « Aujourd'hui, le peintre de l'espace doit aller effectivement dans l'espace pour peindre, mais il doit y aller sans trucs, ni supercheries, ni non plus en avion, ni en parachute ou en fusée : il doit y aller par lui-même, avec une force individuelle autonome, en un mot, il doit être capable de léviter. »

L'évènement a eu lieu un mois auparavant, le 19 octobre 1960 à Fontenay-aux-Roses, dans une rue déserte, seulement traversée par un cycliste, vu de dos, qui vient de passer. C'est un instantané, une image arrêtée en plein vol. Yves Klein s'élance d'un pilier situé à l'entrée d'un pavillon, les bras en croix – comme pour un « saut de l'ange ». Dans les documents qui renseignent sur les coulisses de cette prise de vue, des amis de l'artiste, réquisitionnés pour le cliché, portent à bout de bras des matelas où l'artiste amortit sa chute. Deux photographes, John Kender et Harry Shunk, shootent la scène et composent le photomontage dans un laboratoire parisien. Sans doute est-il significatif que l'artiste Yves Klein, figure du Nouveau réalisme, ait laissé à la postérité une image, devenue célèbre, d'un plongeon. Ainsi l'art capte-t-il un geste sportif et le transforme, en l'élevant au statut d'image iconique. Avec ce plongeur en tenue de ville, réalisant ce saut dans la rue, le cliché pourrait faire penser, pourquoi pas, à une défenestration, un « suicide ». Il s'inscrit pourtant dans un projet concerté. Pour Klein, ce plongeon relève d'un manifeste esthétique et moral. Il n'entend plus ainsi seulement représenter l'espace – à travers les monochromes bleu, couleur de l'eau où le regard plonge, s'abîmant jusqu'au vertige perceptif dans les profondeurs de la couleur – mais en faire lui-même l'expérience. Il s'agit d'aller jusqu'au bout. « Pour peindre l'espace, je me dois de me rendre sur place, dans cet espace même ». Avec cette photo, Klein impose ainsi l'image, déplacée dans la vie ordinaire, d'un des plus beaux plongeons du monde.

T.G.

Yves Klein
Le Saut dans le vide, **1960**

Passer de la toile, support noble, unique, et où l'artiste a toute latitude pour faire œuvre à l'affiche, support multiple, cadré par un programme, suppose que les artistes adhèrent à une démarche, forcément plus contrainte. A partir des Jeux olympiques de Stockholm 1912, le CIO (Comité International Olympique) met en place une réglementation très stricte régissant la conception (graphisme), la réalisation (procédé d'impression) et la diffusion (commercialisation) des affiches de chaque olympiade. Ainsi, aux JO de Munich 1972, une affiche fut diffusée pour chaque sport représenté (21 sports au total). Quatre séries de sept artistes, soit vingt-huit parmi les plus prestigieux Européens du moment, se succédèrent. Mais le dispositif ne conduisit ni Hartung, ni Hundertwasser, ni Poliakoff, ni Soulages, ni Vasarely ni les autres à chercher une expression artistique adaptée au support, en s'emparant du thème des Jeux olympiques. Seul ou presque, l'Anglais David Hockney, l'une des icones du pop art, exploita cette commande pour proposer une affiche qui, tout en étant le prolongement de son œuvre, réussit à lui donner une nouvelle extension.

L'épreuve du plongeon ne pouvait que rencontrer l'univers de David Hockney, occupé de piscines aux couleurs aigues marines. C'est en quittant l'Angleterre pour la Californie en 1964 qu'Hockney, alors trentenaire, survole en avion les milliers de petites surfaces bleues qui scintillent au soleil de Los Angeles. Ces bassins privés, contrastant avec l'anonymat des piscines publiques britanniques, sont un choc esthétique, un évènement déclencheur pour son œuvre. C'est aussi une libération. Loin de la grisaille d'une Angleterre pénalisant encore l'homosexualité, Hockney s'installe dans une Californie plus libérale. Il réalise alors en 1967 trois plongeons, *The Little Splash*, *The Splash*, *A Bigger Splash*. Aucune de ces toiles ne fait apparaître le corps du plongeur. Juste l'éclaboussure d'un corps avalé par la piscine. L'érotisation de cette pénétration de l'eau, où l'écume blanche témoigne presque ingénument de l'instant de la jouissance, transforme ces piscines en symbole d'une libération des corps. Sur l'affiche des JO de Munich en revanche, le peintre a bouleversé ses repères. Il faut donner à voir le sportif. Alors Hockney concentre son regard sur le geste, si technique dans cette discipline, de l'entrée du corps dans l'eau. Il s'agit justement pour le plongeur ne pas faire de « splash » et de se fondre délicatement dans l'élément. L'image arrêtée de l'athlète, tête en bas, buste à la verticale, bras regroupés en avant, qui s'apprête à toucher la surface, n'a pas renoncé à évoquer la dimension érotique du geste. Mais il l'a euphémisé. C'est l'instant du « baiser » du corps à l'eau qu'Hockney s'est efforcé de peindre. Le corps du plongeur n'a pas pénétré la piscine, mais les reflets de sa peau lèchent déjà la surface moirée du bassin. Sans doute le peintre s'est-il amusé aussi, dans cette affiche, à suggérer avec les ondulations fractales de la surface de l'eau capturant les couleurs de la peau, que la figure pouvait se dissoudre dans l'abstraction des reflets…

T.G.

David Hockney
Olympische Spiele München 1972, 1972

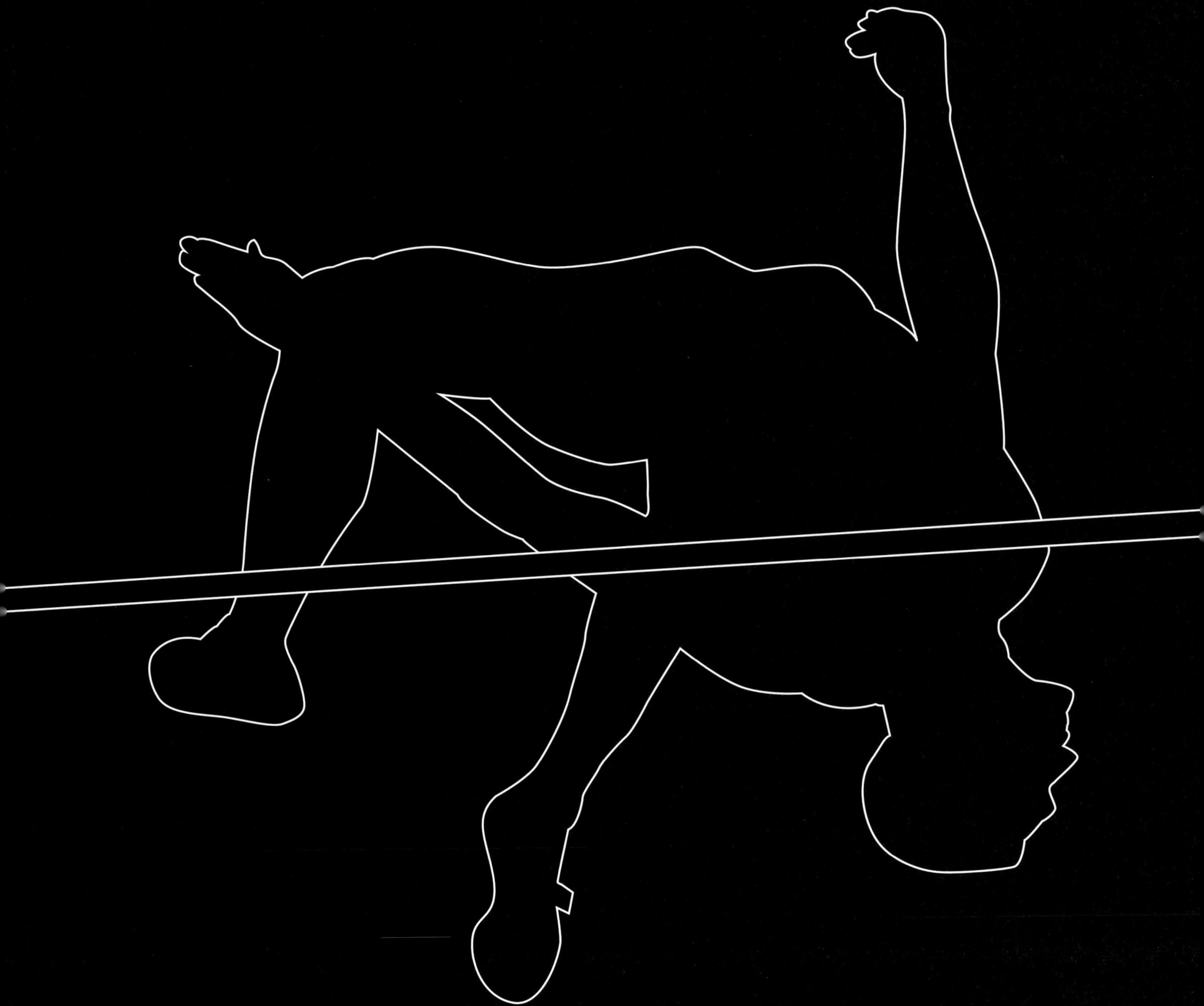

SAUT EN HAUTEUR

Antonietta Di Martino
Jeux Olympiques Pékin – finale femme saut en hauteur, 2008

LE FOSBURY, GESTE HIPPIE

Le saut est élévation. Et avec Dick Fosbury, cette élévation prend un air cool aux JO de Mexico (1968). Car avec ce saut en dorsal, le geste ressemble à la génération hippie. Profondément libertaire. Fosbury étonne alors le monde entier. Comme s'il dédaignait le conformisme du saut (tout le monde saute pareil !), au bout de sa course d'élan, il tourne le dos au sautoir. Et lorsqu'il le passe, superbe, il ne le regarde pas. Il l'ignore. En lévitation au-dessus de la barre, Fosbury a les yeux grands ouverts sur le ciel. En ventral, son regard se serait heurté à la terre. Une philosophie nouvelle s'est insinuée dans le saut. Comme Copernic qui osa penser un jour que c'était la Terre qui tournait autour du Soleil et non l'inverse, Fosbury ose quitter la terre des yeux pour regarder les cieux. En phase avec l'époque, l'athlète montrait la voie. Ne plus fixer la barre. Mais fixer les étoiles. Préférer la verticalité du rêve à l'horizontalité de la compétition, le zénith contre l'horizon. L'élévation se fait ascension. T.G.

Dick Fosbury
Athlétisme Jeux Olympiques Mexico – Saut en hauteur hommes, 1968

Architecte, peintre, sculpteur, Vladimir Velickovic arrive en France au début des années 1970. C'est à Paris qu'il se cherche et met au point un langage plastique, expressionniste, qui va très tôt le faire reconnaître. Dessinateur virtuose des corps humains et animaux, il découvre le travail du photographe physiologiste Eadweard Muybridge, pionnier de la chronophotographie comme le Français Étienne-Jules Marey. Tous deux, d'un côté et de l'autre de l'Atlantique, ont étudié la course de l'homme et des animaux, à travers la décomposition du mouvement par ces procédés photographiques qui vont inspirer le peintre. Ce triptyque sombre aux formats généreux, intitulé *Poursuite*, éclaire d'un jour de cave une séquence au climat oppressant. Un homme quasi nu (seulement botté au pied gauche) court dans un espace sans repères. À la manière de trois clichés chronophotographiques, marqués par l'apparente objectivité de ce dispositif « descriptif », la décomposition s'avère trompeuse, compromise qu'elle est par la mise en scène de l'horreur. Car ce nu n'a pas la neutralité de l'athlète. C'est une masse de muscles, un « quasimodo » grünewaldien aux membres disgracieux, à la blancheur maladive, presque acéphale. Voilà donc l'homme, *ecce homo*, d'où l'esprit semble s'être absenté, comme si l'humain penchait vers l'animal, dans un entre-deux, un régime d'Humanimalité. Des rats, pendus à ses mollets, mordent l'athlète de leurs crocs acérés. Sont-ce ces bêtes que le coureur cherche à fuir ? C'est que, calamité, l'homme ne court pas pour aller de l'avant. Mais pour fuir. Le passé ? Nul but. Mais une peur. Il court, essentiellement mû par le danger qui le poursuit, il s'affole, il gesticule, finit par perdre l'équilibre et chute au fond des ténèbres. Une course, un saut et à la fin, une chute… Le triptyque est-il une allégorie tragique de la condition humaine, iconographie infernale d'une chute sans promesse de relève ? « *Une de mes œuvres s'appelait* "La Descente" *alors que l'on voyait l'humain monter des marches. Je pense que l'on finit toujours par chuter, que cela soit en pente douce ou brutale. C'est une vision nourrie d'une expérience. Pour moi la couleur noir/blanc, semblable aux clichés de Muybridge, – avec le rouge de la violence – signifient la course, la poursuite, la chute* », expliquait au siècle dernier Vladimir Velickovic. Le mouvement, qui aurait pu être affirmation, s'affiche comme une négation, un appel du néant. T.G.

Vladimir Velickovic
Poursuite 77, 1977

2

3

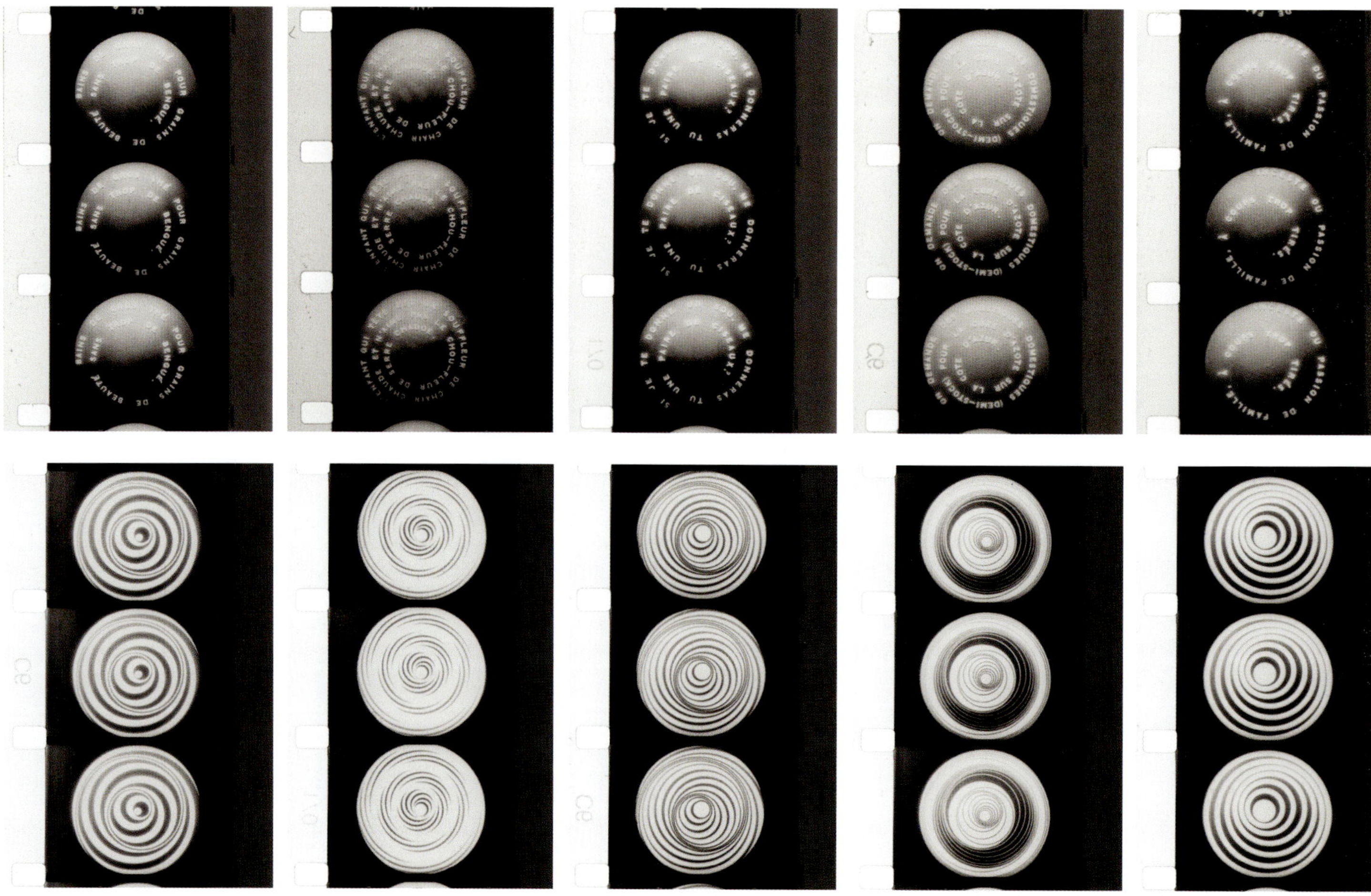

Marcel Duchamp
Anémic cinéma, 1925

Quelle idée de faire des Rotoreliefs de Marcel Duchamp, une œuvre d'extrapolation du saut en hauteur ! Sans doute cet objet d'art cinétique avant l'heure que sont ces « disques », par le mouvement de spirale qu'ils exposent, rappelle-t-il l'expérience de désorientation du corps dans l'espace dont témoignait alors Dick Fosbury en évoquant son saut. Se retrouver les yeux aux ciel, tête en bas, renversant le monde, le mettant à l'envers revient à le tournebouler. Pour situer d'abord cette œuvre étrange, il faut rappeler que les Rotoreliefs, créés par Marcel Duchamp en 1935, se présentent aux yeux de l'artiste comme des « divertissements visuels », qu'il a présentés au concours Lépine et qu'il a même alors rêvé de commercialiser. Ces disques, d'un diamètre de 20 cm, aux motifs psychédéliques, tournent sous l'œil de la caméra et, sous l'effet de cette rotation mécanique, génèrent une sensation hypnotique d'un abîme qui se creuse à l'infini. Illusion d'optique engageant l'appareil perceptif, cet objet producteur de vertige paraît rencontrer la conception, particulière à Duchamp,

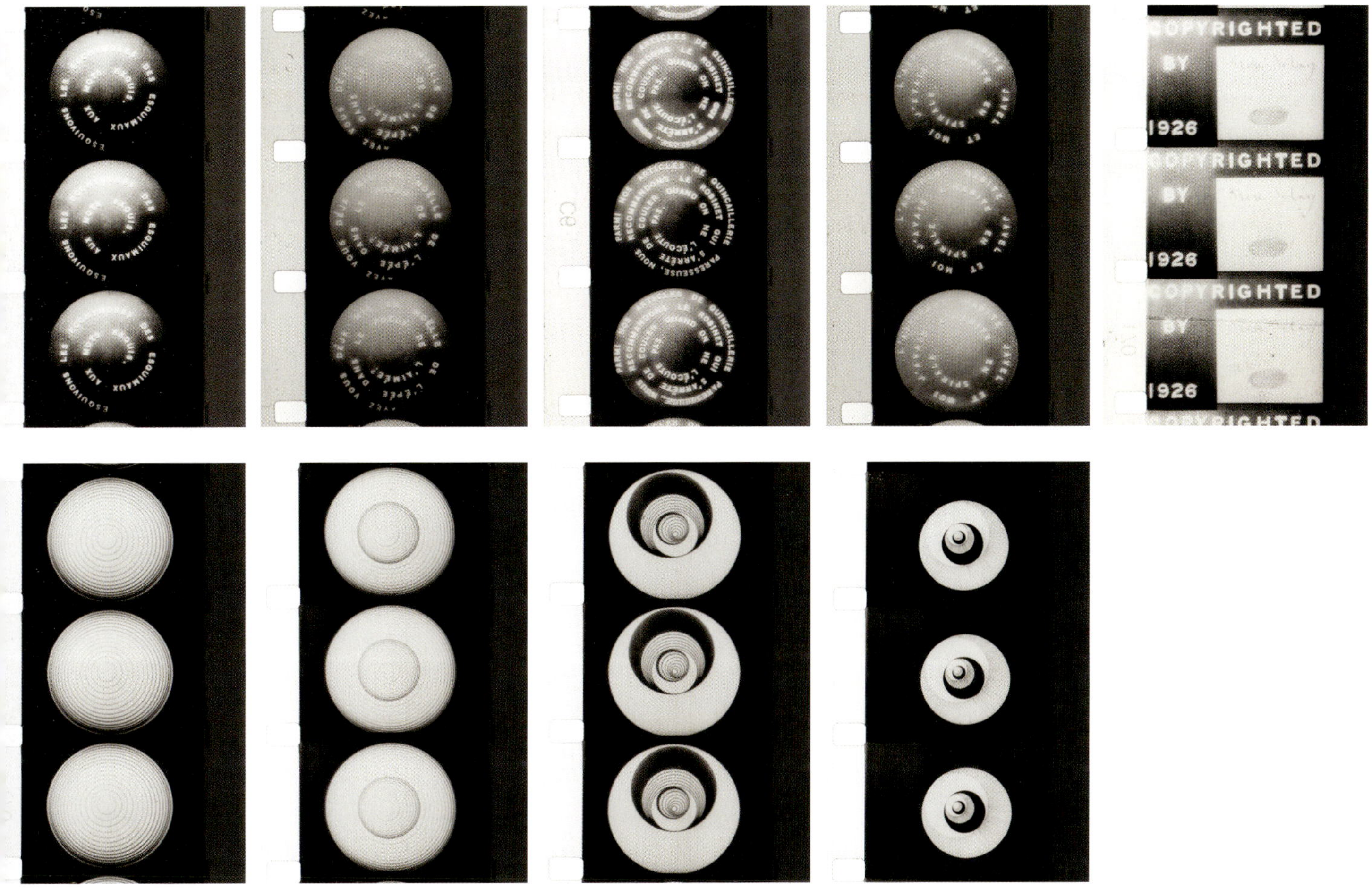

que les œuvres sont faites d'abord par leurs « regardeurs ». Roger Caillois, dans sa classification des sports et des jeux, retient outre l'agôn, l'aléa, la mimicry, une catégorie singulière qui correspond à ces jeux et ces sports où le sportif est confronté à l'ilinx, c'est-à-dire au vertige. Sans doute la perte des repères qui survient dans le saut en fosbury-flop est-elle brève, mais elle fut, dans les commencements, suffisamment disruptive pour être remarquée par les athlètes, adeptes auparavant du saut « en ventral », plus terrien. T.G.

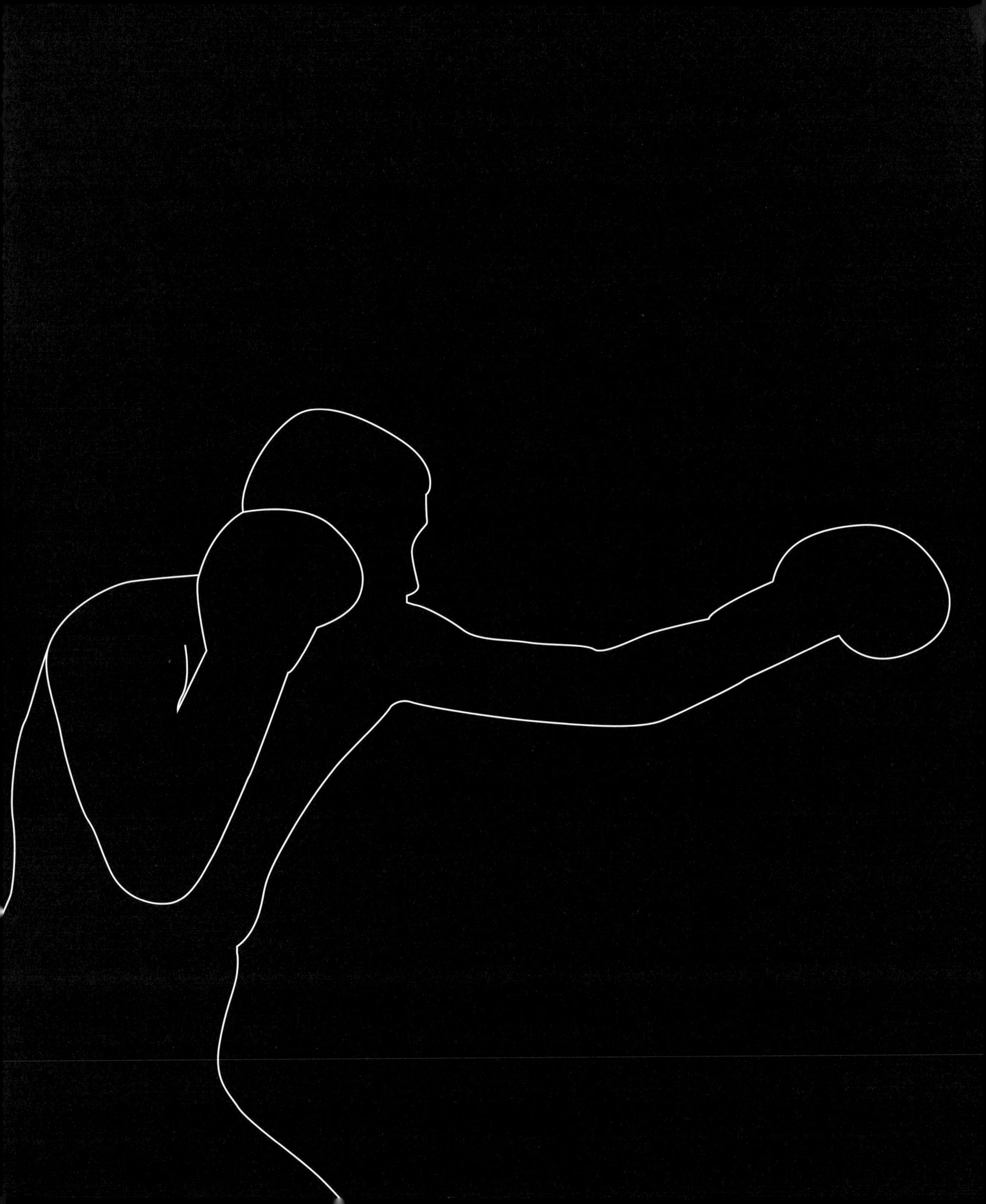

BOXE

Estelle Mossely Yoka
***Entraînement à l'Aqualoft de Paris,* 2018**

BOXE, LE « JAB », GESTE JAZZ

Dans la boxe, le geste est un coup. Le boxeur vaut par sa manière de décliner les coups, de les agencer dans un flux, de les organiser dans une stratégie. Aussi est-il plus délicat de vouloir en isoler un qui serait plus significatif. Sinon peut-être le jab, le direct du bras avant, premier coup que l'on apprend, b.a.-ba de la boxe. Simple, universel, riche, il sert autant à marquer la distance, à repousser, qu'à frapper en attaque. Dans le jab, tous les boxeurs se reconnaissent. Chacun le sien. Pour beaucoup, c'est le début d'une phrase musicale, l'entame d'un enchaînement, qu'ils « notent » comme on noterait, sur une partition, un rythme de batterie. Jab, crochet, uppercut. Un, deux, trois. Ou jab, crochet, crochet. Un, deux, deux, etc. Chacun son tempo. Un combat de boxe, à cet égard, a des allures de « standards » de jazz que deux solistes, rompus à l'improvisation, rejouent à l'infini. Il y a de sacrés solos parfois. Et des duos saignants.

T.G.

Marcel Cerdan, Lucien Krawczyk
Réunion au Vélodrome d'hiver, 1948

Rare femme artiste acceptée dans l'enceinte sportive quelle qu'elle soit, spectatrice de tous les rassemblements festifs, Adrienne Jouclard s'intéresse à toutes les compétitions, à tous les corps sportifs. Le mouvement, la victoire, la défaite, mais surtout le geste ne cesse de nourrir ses œuvres. Elle participe, à cet égard, à de nombreux concours d'artistes qui sont organisés de 1912 à 1948 pour les Jeux olympiques. En effet, à côté de la compétition, les Jeux olympiques sont accompagnés par un « pentathlon des Muses », imaginé dès 1906 par Pierre de Coubertin, avec cinq concours primant musique, littérature, peinture, sculpture et architecture. Le jury est composé de célébrités, comme en 1924, Jean Giraudoux, Paul Valéry, Henry de Montherlant... En 1948, le talent de Jouclard éclate. Elle apparaît comme un peintre, véritable reporter du sport, avec ce supplément d'âme de qui manie le crayon et la brosse. Les boxeurs captent plus particulièrement l'attention de l'artiste. Surtout lorsqu'il s'agit, dans les années 1930, du boxeur panaméen Alfonso Teofilo Brown (1902-1951), plus connu sous le nom d'Al Brown. Boxeur racé, élégant, et efficace, il ravit le public parisien. C'est dans la catégorie poids coqs, puis hors des rings, qu'il entre dans la légende des célébrités sportives. En 1929, il devient le premier champion du monde hispanique. Le 17 mai, il rencontre le redoutable Gustave Humery au palais des sports. Ce croquis, qui condense en un même feuillet quelques phases du match, avec ses personnages quasi pictographiques, tente de prendre à la volée, des pas, des gestes qui frappent le dessinateur, au bord du ring. Les traits sont comme la traduction sismographique de l'énergie des boxeurs. L'artiste a fait figurer sur le feuillet les noms des combattants ainsi que – plus légère – sa propre signature. Al Brown perd ce combat par disqualification au sixième round. Il se distingue également par une vie mondaine parisienne. On lui prête une liaison avec l'écrivain et artiste Jean Cocteau, il danse à la « Revue Nègre », haut lieu de spectacle qui consacra Joséphine Baker, on le photographie dans des lieux prestigieux (hippodrome de Chantilly)... Al Brown reste une des figures marquantes de la rencontre entre le milieu de la boxe et le monde artistique des années 1930 à Paris.

T.G.

Adrienne Jouclard
Boxe, non daté

Avant d'être connus pour leurs images de l'élégance, les frères Séeberger vont être les photographes de la vie militaire. Ils suivent certaines troupes en manœuvres, ou saisissent des scènes de la vie quotidienne du soldat, comme l'entraînement physique. Ici, il s'agit d'un exercice collectif de combat, avec ce direct exécuté ensemble par un peloton. La boxe française, mais aussi la baïonnette et bien d'autres techniques, font partie de l'arsenal de combat à disposition du fantassin. Avec l'éducation physique, dont cet exercice fait partie, il s'agit pour l'armée de redresser les corps, de les fondre dans une communauté soudée, capable de se relever après la défaite de 1870.

T.G.

Frères Séeberger
Entraînement physique dans la cour de la caserne, exercice de boxe pour les soldats de l'infanterie, 1908-1911

Il y a eu des peintres-boxeurs célèbres comme, dans les années soixante, le Japonais Ushio Shinohara, qui boxait ses toiles avec des gants plongés dans des pots de peinture. Le peintre Arroyo, parallèlement à sa carrière artistique, était un passionné de boxe et a accumulé une collection d'œuvres relatives à la boxe. Julien Descossy, élève de Claude Viallat, de Dezeuze, aux Beaux-Arts de Montpellier, a pratiqué la boxe. Pendant quelques d'années. Il y est venu pour se libérer d'addictions diverses. Il a tout connu de la boxe au niveau amateur, là où justement la douleur est sans gloire. « Le corps résonne la nuit après les combats. Il est incroyablement douloureux. Les coups, c'est aussi les couleurs – on en voit "de toutes les couleurs", avant parfois de sombrer dans le noir total, l'absence, le ko. » La rigueur et la difficulté des entraînements, les combats qui épuisent, ont contribué au succès de cette boxe-thérapie. Il en a tiré, dix ans plus tard, une série d'une vingtaine d'œuvres sur la boxe – peut-être en hommage au pouvoir rédempteur de ce sport. Cette pièce, mi-peinture mi-sculpture, a épousé la forme du corps bras écartés du boxeur. Le support est devenu partie de la représentation et lui donne l'aspect d'un crucifix. D'un christ, étendu au sol, les bras en croix comme dans les cordes... « Il y a une technique qui s'appelle la "scagliola", pour faire du stuc ou du faux marbre. Je fais mon châssis qui a la forme du boxeur et je travaille les matières directement dans le moule. Une fois sec je modifie – j'y intègre des choses que je ramasse dans mon atelier – c'est un portrait de peintre ».

T.G.

Julien Descossy
Refuser d'abdiquer (Fragment de boxe), 2023

Comme Henri Cartier-Bresson, William Klein, l'autre grand maître du XXe siècle photographique, a fréquenté, dans ses années de formation, l'atelier d'André Lhote. Mais il a fui le peintre cubiste, trop réglementaire à son goût, pour Fernand Léger, à la fibre plus sociale. Klein a ainsi fini par réconcilier son goût pour la peinture et son talent pour la photographie. Et de ce pas de deux est sorti un objet singulier, le « contact-peint ». Cet objet hybride célèbre le geste du photographe au moment où il choisit sur la planche-contact le cliché à retenir. Le photographe entoure de couleur la photo sélectionnée et barre d'une croix ce qu'il ne retient pas. Dehors, dans la rue, le photoreporter voit ; dedans, à l'atelier, il regarde. C'est ainsi que William Klein a conçu ses contacts-peints : comme des témoignages de la genèse de l'œuvre, laissant apparaître les images, coupées, de la séquence, et jusqu'aux trous de perforation de la pellicule, comme dans ce contact-peint jaune de Mohammed Ali. Ainsi est magnifié, pour la première fois peut-être dans l'histoire de la photographie, le travail du photographe, athlète du regard, avec son bel œil qui pèse et pense, et plus seulement le résultat. C'est dans les premiers temps d'abord avec un trait de couleur rouge qu'il entoure les clichés sélectionnés – avant d'employer plus tard la laque. Puis il intègre à son vocabulaire d'autres teintes, comme le noir, le jaune, le bleu, le vert, le violet ou la combinaison d'autres couleurs… Le contact-peint, apparu dans son œuvre à la fin des années quatre-vingt, est apprécié par un nouveau public en France en 2008, après l'exposition que lui consacre la galerie Laurent Strouk. Ce contact-peint *Mohammad Ali*, assez tardif, traduit la liberté de l'artiste qui entoure les clichés, mais joue aussi avec les codes du travail d'éditeur photo. La croix qui barre en effet s'est distendue, devenue un élément plastique, qui reprend le V de la victoire. Écho au geste du boxeur qui apparaît dans une des deux photos. Ces clichés sont des « photogrammes », des captures d'écran du film en couleurs que William Klein réalise en 1974 à l'occasion du combat mythique entre George Foreman et Muhammad Ali. Comme à son habitude, William Klein furète et suit le champion dans les à-côtés, les coulisses, les salles d'entraînements – comme ici – pour donner de son héros une image panoramique. Entre le photographe et la star des rings, l'histoire avait commencé en 1964 lorsque William Klein, en éclaireur, avait décidé de suivre ce tout jeune boxeur, arrogant, alors en train de se préparer au combat avec le champion du monde Sonny Liston. Il en avait tiré un premier film, en noir et blanc, *Cassius le grand*, dont il va remonter des séquences dans le film de Kinshasa, *Muhammad Ali the Greatest*.

T.G.

William Klein
Ali se vante, Kinshasa, Zaïre, 1974

14
la perfection faite homme !
Impec, un dieu grec !

Certains écument le rivage à la recherche des beaux cailloux. Thierry Konarzewski patrouille tout autour de son île à quelques encablures de la Sardaigne, et part en quête de rencontres. Comme un chamane, ou un anthropologue, il fréquente toute une population d'êtres étranges, improbables, aux formes que le hasard de la vague et du vent a sculptées. C'est le peuple des bidons, cette tribu immense des récipients dérivant sur les mers, au gré des courants, et qui a pris, au terme d'une longue circumnavigation, comparable à celle autrefois des Polynésiens, pied sur un rocher très ancien – Enosim, que les humains peuplèrent seulement à partir du XVIIe siècle. Cette foule de plastique travaillé par le sel s'y est installée. Dans ces vomissures de la société industrielle rejetées sur le sable, le photographe a vu les guerriers de l'océan.

Ce sont ces petits monstres – au sens étymologique, ces choses que l'on montre ou qui se distinguent à la vue –, ravinés par les courants, fatigués par les vagues, matelassés par les algues, que Thierry Konarzewski aperçoit aujourd'hui au détour d'un galet, ou encastrés sur une roche. Ils habitent ainsi en peuplade paisible, le regard fixé sur l'infini, à San Pietro. Et le photographe chamane leur rend visite. Ils sont devenus ses familiers dans la solitude de ses déambulations. « Tiens ! Tu es encore là, toi ? », lance-t-il parfois à l'un de ses guerriers au crâne défoncé qui l'attend au coin d'une crique. Ces gueules cassées, comme celle-ci qui semble être celle d'un « pugiliste » antique ensanglanté. Autant de visages de guerriers, tout droit sortis de l'Iliade ou de l'Empire mandingue. Tous ces visages, échoués sur la grève, épuisés par le combat avec les flots, paraissent méditer. Quelles pensées les obsèdent ? Qui pourra dire ce que ces formes évidées conservent de leur improbable épopée ? Ce sont ces mouvements de l'esprit qu'en chamane, le photographe débusque dans ses images. Alors qui est donc ce photographe ? Un chamane, un anthropologue, ou encore le prêtre d'un nouveau culte des déchets ? Et dans lesquels il fait voir des figures, des fantômes ou des fantaisies. Ou bien est-il ce détective du matérialisme New Age qui, comme un naturaliste herborise, ramasse, classe, et nomme les bidons dans un vaste répertoire du dérisoire ? Les progrès de la neurophysiologie ont permis récemment d'attester la présence de deux régions distinctes dans le cerveau qui sont spécialisées, chez l'homme, l'une, dans la reconnaissance des mots, l'autre, dans celle des visages. Activité qui n'appartient qu'à l'homme. Et qui – au-delà de la fonction ordinaire qui nous permet à chacun de distinguer les identités par les traits singuliers d'un visage – peut également faire naître de véritables apparitions devant les yeux de qui a ce don de deviner des visages dans les choses. Les peintres de la Renaissance en peuplaient par exemple les paysages. Les objets – surtout les arbres – furent, pour certains peintres ou illustrateurs comme Segantini ou Rackham, l'habitat infini de multiples visages. Avec Thierry Konarzewski, c'est un nouveau monde de visages qui émerge. Une tribu de boxeurs, aux expressions énigmatiques qu'il nous fait découvrir. Quoi qu'il en soit, libre à chacun de croire à ces apparitions ou de ne croire qu'à ce qu'il voit : les moirures de la matière et le scintillement des choses. Mais cette double posture, qui habite les images de Thierry Konarzewski, interroge notre rapport aux images. Que voit-on quand on regarde ? Voit-on bien ce que l'on croit regarder ?

T.G.

Thierry Konarzewski
Initiation, 2014

Baye-Dam Cissé, né en 1986 à Saint-Denis, a pratiqué tous les sports de combat : boxe anglaise, thaïlandaise, kung-fu, MMA. À plus de trente-cinq ans, il continue de combattre avec succès. Mais le boxeur a une vie parallèle – et ce depuis l'enfance. « J'ai toujours dessiné. Ce qui me pousse, c'est le désir de raconter des histoires – je faisais déjà à l'école des petites bandes dessinées que je vendais dans la cour ! La peinture ? Je l'idéalisais. C'était un monde inaccessible. Très loin de mon environnement social et familial. Mais qui m'attirait. Adolescent, je m'échappais et j'allais seul au musée, le Louvre et Orsay – c'était gratuit ! Je pouvais déambuler des heures entières au milieu des chefs-d'œuvre. C'était mon délire à moi ! Mais, sans a priori, j'allais aussi rendre visite aux peintres de la butte Montmartre, plus proches de la Goutte d'or où j'habitais alors. »

Rakajoo travaille un temps comme designer dans une école d'animation, mais cet art ne satisfait pas son désir de liberté. Il fréquente également en 2019 Kourtrajmé, l'école fondée par le réalisateur Ladj Ly, où il se familiarise aux codes du monde de l'art plus qu'aux techniques proprement dites de la création. Artiste autodidacte, il s'obstine, hors de tout cadre, dans sa recherche, signant ses toiles du pseudonyme Rakajoo – « têtu » en wolof (il est d'origine sénégalaise). Réalisées sur toutes sortes de supports – toiles, portes, panneaux, tiroirs, draps, etc. –, dans des formats variés, le plus souvent monumentaux, ses œuvres sont résolument figuratives, traversées par des références comme, entre autres, celles de l'Anglais Lucian Freud, de l'illustrateur yankee Norman Rockwell ou encore du peintre noir américain Kerry James Marshall. Rakajoo chronique dans des compositions vivement colorées, la vie urbaine, des scènes de rues parisiennes avec leurs signaux routiers, leurs étals, leurs passants. La boxe, son univers d'origine, occupe toutefois une place particulière dans son travail. À la demande du propriétaire du club de boxe d'Aubervilliers où il s'entraîne, il réalise ainsi en 2008 une fresque de trois cents mètres carrés. C'est au milieu de ce mural, suspendue comme un élément singulier, que se distingue *Collision*, œuvre en noir et blanc sur une grande pièce de tissu, présentée dans l'exposition.

Avant d'analyser le motif, il faut s'arrêter sur le support, loin d'être indifférent. Cette large pièce de tissu rectangulaire relève à la fois de l'écran de cinéma, de la toile apprêtée pour l'œuvre peinte, et même (symbole de la boxe) de la serviette-éponge avec laquelle le soigneur tamponne la face du boxeur entre chaque round. Peut-être ce chiffon blanc est-il, à la manière du linge que Véronique tend au Christ de douleur (recueillant la « vera icona » du visage), le tissu appelé à garder l'empreinte exacte en noir et blanc de la face du boxeur ? Il y a en effet dans ce noir et blanc de l'œuvre, aux bords indéfinis se perdant dans le support, à la manière d'un négatif photographique brut, quelque chose qui rappelle le processus chimique de révélation de l'image. La composition – instinctive et virtuose à la fois – projette en gros plan le visage d'un boxeur, légèrement de trois quarts, dont le visage est encadré (comme un cadre de peinture !) par un casque de protection. En y regardant précisément, on reconnaît dans un discret premier plan, dévoré par le drap, l'autre boxeur – son double ? S'agit-il d'un jeu sur le miroir ? de l'expression subtile d'une philosophie du combat, consistant à ne voir dans la boxe qu'un seul et interminable combat du boxeur contre lui-même ? Cette œuvre puissante, dont le peintre suggère qu'elle est un « autoportrait », fait « danser l'ombre et la lumière », comme un équivalent de « la collision du passé et du présent », réplique en surface, sur le visage, « d'une bataille intérieure »... La boxe devient alors la métaphore de cette confrontation entre les identités qui laissent dans l'esprit « des cicatrices qui racontent des histoires silencieuses faites de victoires et de défaites »... Alors peut-être la pièce de tissu blanc devient-elle le linceul des identités disparues ?

T.G.

Rakajoo
Collision, **2014**

TABLE DES ILLUSTRATIONS

Marcel Nilles, Dick Smith
Ring de boxe à Deauville, 5e round,
5 septembre 1920

Léo Caillard
Néon Discobolus, 2017
Marbre reconstitué, résine, Néons Led,
195 x 158 x 48 cm
Collection de l'artiste

Umberto Boccioni
Dynamisme d'un cycliste, 1913
Huile sur toile, 70 × 95 cm
Collection particulière

Georges Demenÿ
Chronophotographie d'une course de vélocité par M. Lamic du Cercle de Gymnastique, c. 1886
Tirage papier sur papier albuminé, 116 X 490
Paris, Institut national du sport de l'expertise et de la performance (INSEP)

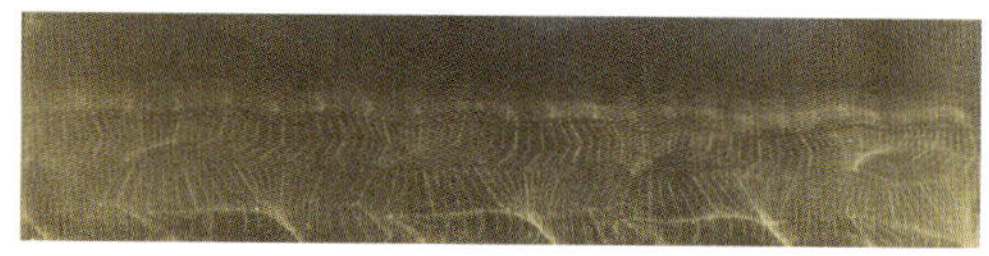

Georges Demenÿ
Chronophotographie géométrique ou graphique d'une course, c. 1886
Tirage papier sur papier albuminé, 112 X 412
Paris, Institut national du sport de l'expertise et de la performance (INSEP)

Pierre Blois
L'athlète américain Bob Beamon dans le concours du saut en longueur des Jeux olympiques de Mexico, 1968
Kinogramme
Paris, Institut national du sport de l'expertise et de la performance (INSEP)

Harold Eugene Edgerton
Bobby Jones taking a swing, 1938
Tirage postérieur sur papier aux sels d'argent,
19 x 22,5 cm
Paris, Galerie Françoise Paviot

Harold Eugene Edgerton
Acrobates , 1941
Tirage postérieur sur papier aux sels d'argent,
33,8 x 27 cm
Collection Agathe Gaillard

Harold Eugene Edgerton
L'Archer, 1931
Tirage postérieur sur papier aux sels d'argent,
35,6 x 28,3 cm
Collection Agathe Gaillard

Harold Edgerton
Le Joueur de tennis, circa. 1935
Tirage postérieur sur papier aux sels d'argent,
35,4 x 27,9 cm
Collection Agathe Gaillard

Serena Williams
Grand Chelem Roland Garros, 2015

Suzanne Lenglen
Tournoi du racing, 1919

Charles Lapicque
Le Tennis, 1965
Huile sur toile, 90 x 117 cm
Donation Pierre et Denise Lévy, 1976
Troyes, Musée d'Art moderne, collections nationales Pierre et Denise Lévy

Maurice Denis
Le Printemps ou Les Joueuses de volant, 1901
Huile sur toile, 44 x 64 cm
Paris, collection du Mobilier national
Photographe Isabelle Bideau

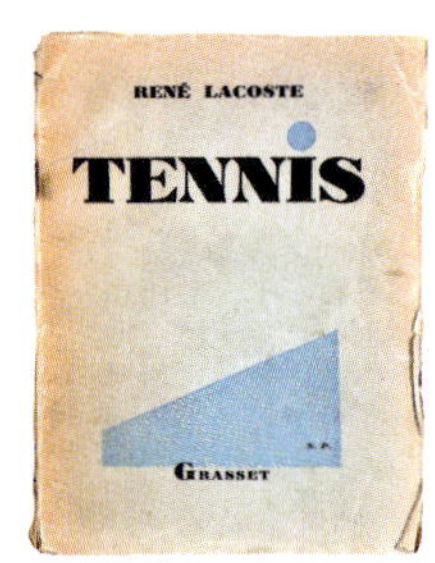

René Lacoste
Tennis, 1928
Ouvrage, 14,5 x 19,5 cm
Collection Lacoste

Forgetmat
ACE / Roland Garros, Paris 2022
Fine Art Paper, 120 x 80 cm
Collection de l'artiste
© Forgetmat

Jacques Tati
Les Vacances de monsieur Hulot, 1953
© Les Films de Mon Oncle

Irving Penn
Le polo Lacoste vu par Irving Penn, 1986
Photograph by Irving Penn
© The Irving Penn Foundation

René Lacoste
Raquette acier, 1963
Acier, 68 x 6 x 21 cm
Collection Lacoste
© Lacoste

Usain Bolt
Championnats du monde, 200 m hommes, 2015
Alain Mounic
© Alain Mounic / / L'Equipe/Presse Sports

Eugen Herrigel
Le Zen dans l'art chevaleresque du tir à l'arc, 1948
Ouvrage
© DR

Felice Beato
Koboto Santaron Samouraï, 1863
Tirage sur papier albuminé contrecollé sur carton, d'après négatif au collodion sur verre, 29,8 x 23,6 cm
Collection Serge Kakou

Suzuki Shinichi
Tir à l'arc, c. 1870
Tirage sur papier albuminé contrecollé sur carton, d'après négatif au collodion sur verre, 23,3 x 30,6 cm
Collection Serge Kakou

Antoon Francis Bauduin
Samurai, c. 1863
Tirage sur papier albuminé contrecollé sur carton, d'après négatif au collodion sur verre, 44 x 30,5 cm
Collection Serge Kakou

Kuniyoshi Utagawa
Les 69 stations de la route du Kisokaidō : « Relais n°10 - Fukaya : Yuriwaka Daijin », 1852
Estampe sur bois, 36,2 x 27,5 cm
Paris, Musée Cernuschi
CC0 Paris Musées / Musée Cernuschi, musée des Arts de l'Asie de la Ville de Paris

Salvatore Puglia
Ruins in the Forest 12 bis, 2022
Impression UV sur verre, acrylique sur papier, carte de randonnée, 30 x 40 cm
Collection de l'artiste
© Salvatore Puglia

Henri Cartier-Bresson
Place de l'Europe - Saint Lazare station, 1932
Procédé photomécanique, 40 x 30 cm
Fondation Henri Cartier-Bresson
© Fondation Henri Cartier-Bresson/Magnum Photos

Antoine Bourdelle
L'Archer grec , 1929
Plume et encre noire, aquarelle réhaussée de gouache blanche, 40,3 x 29,2 cm
Paris, Musée Bourdelle
CC0 Paris Musées / Musée Bourdelle

Antoine Bourdelle
***Héraklès archer,* cinquième étude,** 1906-1909
Bronze, 80,3 x 72,7 x 32,5 cm
Epreuve numéro EA2 exécutée par la fonderie Clémenti
Paris, Musée Bourdelle
CC0 Paris Musées / Musée Bourdelle

Ndary Lo
L'Ambitieux, 2014
Fer à béton soudé, résine, 206 x 18 x 83 cm
Paris, Courtesy Fonds Ndary Lo et Galerie MAGNIN-A
Photo © Studio Louis Delbaere / © Ndary Lo /ADAGP, Paris 2024

Charlie Ewels, Dylan Cretin
Tournoi des Six Nations - Angleterre vs France, 2021
© INPHO/Andrew Fosker / L'Equipe/Presse Sports

Germain Louvet, Hannah O'Neill
Le Porté en danse, 2022
Hugues Lawson
© Hugues Lawson Body/L'Equipe/Presse Sports

Dero
L'Ovale au vol, 1970
Huile sur toile, 116 x 73 cm
Nice, Musée National du Sport
© Collections Musée National du Sport

Édouard Levé
Rugby, Sans titre, 2003
Photographie, Tirage Lambda collé sur aluminium, 70 x 70 cm
Paris, Courtesy, Galerie Loevenbruck
© Succession Édouard Levé, Courtesy, Loevenbruck, Paris

Édouard Levé
Rugby, Sans titre, 2003
Photographie, Tirage Lambda collé sur aluminium, 70 x 70 cm
Paris, Courtesy Galerie Loevenbruck
© Succession Édouard Levé, Courtesy, Loevenbruck, Paris

André Lhote
Les Joueurs de rugby, 1920
Aquarelle, 33,3 x 28,1 cm
Nice, Musée National du Sport
© Collections Musée National du Sport / © ADAGP, Paris, 2024

André Lhote
Rugby, 1917
Huile sur toile, 127,5 x 132,5 cm
Paris, Centre Pompidou - Musée national d'Art moderne - Centre de création industrielle

Pierre Doutreleau
Twickenham, 1970
Huile sur toile, 200 x 200 cm
Nice, Musée National du Sport

Personnage à couronne de fleurs en position rituelle
Mexique, culture Teotihuacan, 250-650 après J.-C.
Terre cuite ocre beige à restes de stuc blanc et cinabre rouge, 17 x 10 x 4,5 cm
Paris, Galerie Furstenberg / Art Précolombien

Jean Deurveilher
Rugby, 1975
Huile sur toile, 94 x 120 cm
Nice, Musée National du Sport

Antonín Panenka
Championnat d'Europe des Nations, 1976

Zinedine Zidane, Gianluigi Buffon
Coupe du Monde, 2006

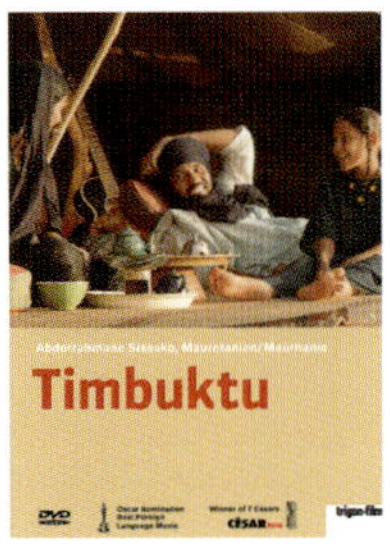

Abderrahmane Sissako
Timbuktu, 2014
Affiche du film

Pierrick Sorin
Pierrick et Jean-Loup font du foot, 1994
Betacam SP, PAL, couleur, son, 2'40
Paris, Centre Pompidou - Musée national d'Art moderne - Centre de création industrielle

Paolo Roversi
Coupe du Monde, 1998
Tirages pigmentaires noir et blanc sur papier fine art, 9x11 cm
Collection de l'artiste

Bernard Rancillac
La Coupe du Monde déborde, 1978
Acrylique sur toile et masque de carnaval
162 x 162 x 15 cm
Collection MAL-VAL,
Musée d'Art contemporain du Val-de-Marne

Omar Victor Diop
Jean-Baptiste Belley, 2014
Impression jet d'encre pigmentaire sur papier Harman By Hahnemühle, 60 x 40 cm
Paris, Courtesy, Galerie MAGNIN-A

Omar Victor Diop
Dom Nicolau, 2014
Impression jet d'encre pigmentaire sur papier Harman By Hahnemühle, 60 x 40 cm
Paris, Courtesy Galerie MAGNIN-A

Marie-José Pérec
Jeux Olympiques à Atlanta, demi-finale 200 m femmes, 1996

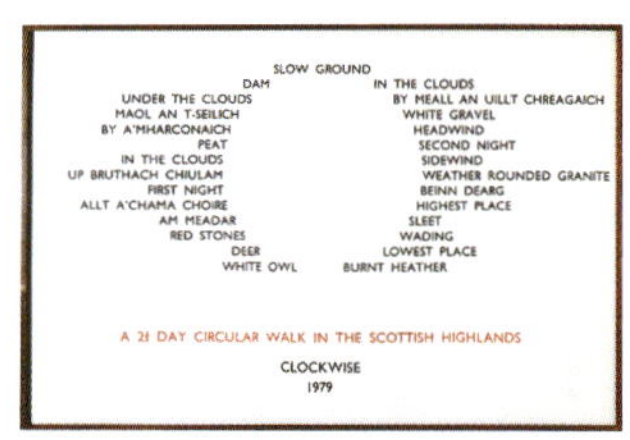

Richard Long
A 2 ½ Day Circular Walk in the Scottish Highlands, Clockwise 1979, 1979
Texte en noir et rouge sérigraphié sur papier 101 x 149,5 cm
Collection Frac Nouvelle-Aquitaine MÉCA

Madeleine Théry
L'Arrivée, 1942
Huile sur toile, 34,5 x 70 cm
Nice, Musée National du Sport

Vladimir Velickovic
Poursuite Fig. VII, 1984
Huile sur toile, 198 x 145,5 cm
Don de l'artiste en 1985
Paris, Centre Pompidou - Musée national d'Art moderne - Centre de création industrielle

Service photographique de l'Ecole de Joinville
Foulées de Jules Ladoumègue sur le stade de la Faisanderie, 1927
Négatifs sur plaque de verre, 90 X 120
Paris, Institut national du sport de l'expertise et de la performance (INSEP)

Nina Childress
Goldengirl, 2023
Huile sur toile, 60 x 81 cm
Don de l'association des Amis des Franciscaines
Courtesy Galerie Art Concept

Gary Hunt
Red Bull Cliff Diving Paris, 2022
Baptiste Paquot

Allen Meany
Natation revanche Olympique, 1920

Le Plongeur. Tombe du Plongeur
(Reproduction), 480-470 av. J.-C.
13,4 x 28,9 cm
Paestum, Musée archéologique national de Paestum
© Museo Archeologico Nazionale di Paestum, Capaccio, Salerno, Campania, Italy Luisa Ricciarini/Bridgeman Images

André Steiner
Plongeon à la piscine Molitor, 1934
Épreuve gélatino-argentique, 24,4 x 17,8 cm
Paris, Centre Pompidou - Musée national d'Art moderne - Centre de création industrielle
© Martine Husson / © Centre Pompidou, MNAM-CCI, Dist. RMN-Grand Palais / Samuel Kalika

André Steiner
Plongeur à la piscine Molitor, 1934
Épreuve gélatino-argentique, 24,1 x 17,3 cm
Paris, Centre Pompidou - Musée national d'Art moderne - Centre de création industrielle
© Martine Husson / © Centre Pompidou, MNAM-CCI, Dist. RMN-Grand Palais / Samuel Kalika

André Steiner
Jambes d'une plongeuse, 1934
Épreuve gélatino-argentique, 24,3 x 18 cm
Paris, Centre Pompidou - Musée national d'Art moderne - Centre de création industrielle
© Martine Husson / © Centre Pompidou, MNAM-CCI, Dist. RMN-Grand Palais / Cecilia Laulanne

André Steiner
Jambes d'une plongeuse, c. 1934
Épreuve gélatino-argentique, 24,3 x 18 cm
Paris, Centre Pompidou - Musée national d'Art moderne - Centre de création industrielle
© Martine Husson / © Centre Pompidou, MNAM-CCI, Dist. RMN-Grand Palais / Cecilia Laulanne

Yves Klein
Le Saut dans le vide, 1960
Photographie, 48,5 x 38 cm
Collection privée
Action artistique d'Yves Klein
© Succession Yves Klein c/o ADAGP, Paris, 2024 - Collaboration Harry Shunk and János Kender
© J. Paul Getty Trust. Collaboration Harry Shunk, 1924-2006 et János Kender, 1938-2009. Getty Research Institute, Los Angeles (2014.R.20)

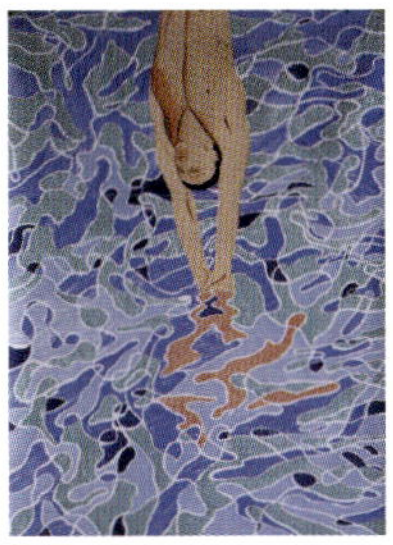

David Hockney
Olympische Spiele München 1972, 1972
Tirage papier, 101 x 64 cm
Nice, Musée National du Sport
© Collections Musée National du Sport

Antonietta Di Martino
Jeux Olympiques Pékin - finale femme saut en hauteur, 2008
© Alain Mounic/Presse Sports

Dick Fosbury
Athlétisme Jeux Olympiques Mexico - Saut en hauteur hommes, 1968
Reproduction
© Robert Legros/ L'Equipe/ Presse Sports

Vladimir Velickovic
Poursuite 77, 1977
Huile sur toile, 204,5 x 152 cm
Marseille, Musée d'Art contemporain
© Ville de Marseille, Dist. RMN-Grand Palais / image des musées de la ville de Marseille / © ADAGP, Paris, 2024

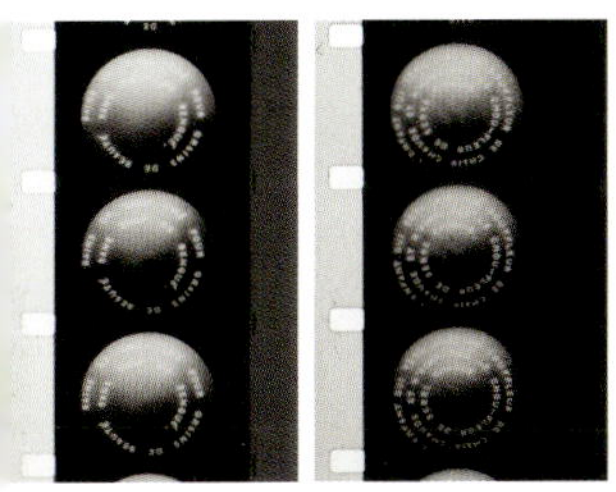

Marcel Duchamp
Anémic cinéma, 1925
Film 16 mm numérisé noir et blanc, muet
Assistance technique : Man Ray et Marc Allégret
8"32
Paris, Centre Pompidou - Musée national d'Art moderne - Centre de création industrielle
© Association Marcel Duchamp / Cinédoc Paris Films Coop, 2024
Photo © Centre Pompidou, MNAM-CCI, Dist. RMN-Grand Palais / Hervé Véronèse

Estelle Mossely Yoka
Entraînement à l'Aqualoft de Paris, 2018
Franck Seguin
© Franck Seguin / L'Equipe/Presse Sports

Marcel Cerdan, Lucien Krawczyk
Réunion au Vélodrome d'hiver, 1948
© L'Equipe/Presse Sports

Adrienne Jouclard
Boxe, Non-daté
Encre sur papier, 23 x 28,5 cm
Nice, Musée National du Sport
© Colletions Musée National du Sport

Frères Séeberger
Entraînement physique dans la cour de la caserne, exercice de boxe pour les soldats de l'infanterie, 1908-1911
Ivry sur Seine, Etablissement de communication et de production audiovisuelle de la Défense (ECPAD)
© ECPAD/collection Séeberger frères/frères Séeberger

Julien Descossy
Refuser d'abdiquer (Fragment de boxe)
2023
Mortier, colle, bois, peinture sur toile
Sainte-Maxime, Galerie Regard
© ADAGP, Paris, 2024

William Klein
Ali se vante, Kinshasa, Zaïre, 1974
Tirage au gélatino-bromure d'argent monté sur PVC et laque glycérophtalique, 50 x 60 cm
William Klein Estate
Paris, Galerie Polka
© William Klein Estate

Thierry Konarzewski
Initiation, 2014
Tirage Diasec / Edition 1/3 + 2AP, 100 x 144 cm
Collection de l'artiste

Baye-Dam Cissé alias **Rakajoo**
Collision, 2014
Acrylique et huile sur toile, 220 x 155 cm
Courtesy Galerie Danysz

Imprimé en janvier 2024 en UE
Dépôt légal : janvier 2024 – ISBN 978-2-84811-637-2